ゴードン博士の人間関係をよくする本

自分を活かす 相手を活かす

トマス・ゴードン［著］

親業訓練協会理事長
近藤千恵［訳］

大和書房

はじめに

「人間関係」と聞いて、まず誰を、そして何を思い浮かべますか?

ほとんどの人は、結婚相手や家族のような親密な関係にある人を思い浮かべるのではないでしょうか。

自分にとって一番大切な関係をです。

それは当然のことですが、考えてみるとそういう人々以外にも、あなたの生活によくも悪くも影響を与える人はたくさんいます。

本書は、そういう**すべての人間関係をどうしたらよくできるか、うまくいかない人間関係を修復するには何ができるか**を記したものです。

人間関係を扱ったほかの多くの本とはちがって、具体的な悩みや問題におあつらえむきの解決策を提案するような、レシピつきの料理本のようなものではありません。

あなたの問題に対するベストの解決策を私が知っているとは限りませんし、万人の悩みに完璧に答えられるような人は、世界中どこを探してもいないと思います。

ただ私にできることは、**あなたが自分で解決策を考えるのに役立つ道具《ツール》と解決の過程を提供すること**です。本書にあるいろいろな道具を実生活のなかで活用すると、よりよい人間関係を築きたいと願うだけのところから、すばらしい人間関係を実際に楽しめる段階にまでいたることでしょう。

もう何年も前のことですが、親業訓練協会の受講生から、私の人間関係についての考え方を簡潔にまとめてほしいと言われ、〝**人間関係についての信条《クレド》**〟を作りました。以来、私たちの提供する各種の講座を修了した人には、この〝信条〟を記したカードを渡すことにしています。

たくさんの人がさまざまな式典、たとえば結婚式でこれを読みあげるなどして使い、また、ビジネスや教育、なかには政治に関わるリーダーたちが、額に入れて自分のオフイスに飾っているという話も耳にし、うれしい気持ちを味わっています。

この〝信条〟こそが本書の内容であり、これに従って生きる人は、そうでない人に比べてより幸福で、より健康で、より充実した人生を送ることができると思います。

本書の各章にその抜粋がありますので、ぜひ読んで活用して下さい。

ゴードン博士の人間関係をよくする本・目次

第2章　誰が人間関係の問題をもっているか？

第3章　人間関係は「聞き方」で変わる！

第4章　人間関係は「話し方」でも変わる！

第5章　対立を解消するとっておきのルール

第6章　価値観とのつきあい方

第7章　おさらいを兼ねた実践篇

本文イラスト……高橋和枝

ゴードン博士の人間関係をよくする本

第1章

うまくいく人間関係
うまくいかない人間関係

人間関係についてよく耳にする言い方があります。

たとえば、

「私は、その関係から抜け出した」

「これで、その関係が終わった……」

「私たちは、新しい関係になったの」

このような慣用表現に親しんでいるせいか、人間関係というものには、はっきりとした始まりと終わりがあるかのように見えたり、思われたりしているのですが、本当にそうなのでしょうか？

一方で、人間関係についての別な見方もあります。それは、我々は、いつでも、みなお互いに関係をもっているというものです。

このことを認めると、私たちにできるのは、人間関係のあり方を変えることだけ、ということになります。

私たちは絶えずほかの人と関係しながら生きています。家族や友人のようにごく親しい関係、仕事の同僚、学校の先生、かかりつけの医師などのように少し距離のある関係、会って話はしても本当にはよく知らない関係、というように。

相手に近づくこともあれば、離れていくこともありますが、いずれにしろ何がしかの関係はあるのです。

有史以来、古今東西の著名な詩人、哲学者、神学者といった人たちが、私たちお互いのつながりやそれに伴う可能性や責任について、きわめて雄弁に語っています。

私がここでつけ加えたいのは、もしも人生をよりよいものにしたいと願うのであれば、もっと健康でもっと幸福になりたいと本当に願うのであれば、何よりもまず人間関係の質を高めなければならない。そして、そうする責任がある、ということなのです。

責任と言うと、重く響いたり、罪の意識がつきまとうと感じるかもしれませんが、そういうことを言いたいのでは決してありません。私たち一人一人が、自分の人間関係を改善し、意味のある変化を生んでいく機会に恵まれていると言いたいのです。

最善《ベスト》の人間関係　最悪《ワースト》の人間関係

ニューヨーク州立大学教授のロブ・ケーゲル博士は、学生を対象に最善と最悪の人間関係についての調査をしています。

調査項目のなかには、友人、パートナー、きょうだいといった学生とほぼ対等の関係についてと、上司、先生、教授、親などといった自分より目上の人との関係についてのものがあり、学生はこういう関係が自分にとってどんなものであるかを描写するように求められたのですが、結果は見事にはっきりしていました。

人はどのような関係を最悪と感じるか

学生が「ワースト」に数えたのは、操作的、支配的、不公平、不平等な関係でした。学生の回答によると、操作的で支配的な人はお互いの違いを、「**これ**」か「**あれ**」か、「**善**」か「**悪**」か、「**正しい**」か「**間違い**」か、「**よりよい**」か「**より悪い**」かというふうに眺め、もちろん自分のほうがいい方だと考えるというのです。支配的な人の自己中心性は、回答者である学生たちに、自らを無能で不適切な存在だと感じさせる結果を導いています。

自分のステータスを使って勝とうとする人、他者を犠牲にしてまで自分のほしいものを手に入れようとする人は、負ける人、犠牲にされる人に、恥ずかしい思いや不安の感情を抱かせ、人間関係を築くのに必要な信頼の感情をもてなくしていきます。

学生は「一方的」「利用された」「支配された」といった言葉で、こういう破壊的な関係を的確に表現しています。

調査に回答した学生は、対等ではないこうした関係は、必ず不公平であるとも考えていました。そして、こういう関係には必ず**勝ち負け**が生じると特徴づけ、支配者は、親・教師・上司といった**関係から生じる権力**を使って物事を強制し、不当な結論を押しつけて勝つと答えています。

負ける側は、ステータスが低く、力もないために依存せざるを得ず、不本意ながらも相手を必要としていることから、こういう一方的は関係を受け入れざるを得ない、と言うのです。

ベストと感じられる人間関係の特徴

他方、「ベスト」の関係の特徴としては、尊敬、気遣《きづか》いのある、信頼、正直、支え合い、よいコミュニケーションなどを挙げ、さらにこういう関係からは、**お互いの違いの尊重**、**共感**、**愛情**、**理解**が育まれると答えています。相手がこうした特徴を示すときには、お互いの間のステータスの違いの有無にかかわらず、彼らとの関係はよいと言うのです。

ケーゲル博士の調査によると、ベストな関係には満足感があり、心が昂揚し、幸福感が増し、自分のことをより完全に感じると、学生たちは語っているのです。この関係をケーゲル博士は次のような言葉でまとめています。

「こうした関係では、お互いが感謝され、大事にされ、価値があると感じられるのです。さらには、絆の深さを感じられるし、ほかの人を信頼できるとも感じられます。

ほかのほとんどの人間関係と違って、このような相互的なつながりは、お互いを豊かにし、支え合い、力づけるのです」

ケーゲル博士の調査は、私たちが日常経験することを裏づけていると思います。健康で幸福な人間関係に最も悪い影響を与えるのは、お互いの間やグループ内に生じる**力の差**なのです。

もし一方が、もう一方のやりたくないことをやるように無理強いしたら、その関係にトラブルが生じます。こういう不公平な関係は、ケーゲル博士の調査対象となった学生が、「勝負ありの関係」と名づけたものであり、彼らが一様に、無力感や利用されて支配されてしまったという感じをもたされたと言うものなのです。

では一体、人間関係を蝕《むしば》む「力の差」、ステータスの違いといった事実に根拠を与えているものは何なのでしょうか？　それこそが「**権威**」と呼ばれるものです。

人間関係を理解する上で、権威という言葉は鍵となるので、ここでその意味を確認し、人がいかにそういうものを身につけるかを検討してみましょう。

人間関係に問題を起こす権威　起こさない権威

まずはじめに、権威にはいくつもの種類があります。一つは専門知識を伴い、高く評価されるものです。

たとえば、自分の車の調子がおかしくなったら、腕のいい修理工、すなわち自動車のメカの権威に修理してほしいと思うのではありませんか？　自分の主治医は健康管理と病気の治療については権威があると思っているでしょう。子どもの担任の先生や部活動のコーチには教育やスポーツの権威であってほしいですね。

「あの人は経済の権威である」とか「彼女は権威をもって話した」とか口にします。知識・経験・訓練・叡知《えいち》・教養からくる権威は、他者から求められるものであり、経済的な報酬も高いことが多いものです。この種の権威が人間関係の問題を生むことはまずありません。

権威にはまた、その人の地位や互いが認めている職務に由来するものがあります。たとえば、警官は交通違反のキップを切る権威があり、委員会の議長は委員会を開会・閉会する権威があり、判事は法律について判断し、新聞社のデスクは部下に仕事を言いつける権威がある、といった具合です。職務に伴う権威は、その仕事の役割が正当であると関係者が受け入れ、互いに認めあっている場合には、人間関係のトラブルになることはほとんどありません。

人間関係に問題を起こすのは、**権力に基づく権威**です。相手のやりたくないことをやらせようとする、強制し支配する権威です。軍隊に入った経験のある人は、この種の権力に基づいた権威を、ごく身近に体験してきたはずです。軍隊に入った経験がなくても、ケーゲル博士のところの学生のように、相手を犠牲にしても勝とうとする人たちの権力ゲームの負け側には、何度も立たされたことがあるはずです。

軍隊の隊員は、たとえ指令に同意できなくても、従うことが必要です。この種の絶対的な服従なしに、軍隊という組織は機能できないでしょう。

しかし、そのほかの組織の場合には、こうした服従や従順さはまったく必要ありません。夫婦、家族、学校、企業などでは、ある決定に従うか従わないかについては十分に選択の余地があるのであり、その選択のなかにこそ、よりよい人間関係への希望が託されているのです。

戦うか、逃げるか、従うか――権力への3つの対処法

よく私に投げかけられる質問の一つに、「権力の源《みなもと》は何か？　それは一体どこから来るのか？」というものがあります。そういう質問をする人は、それまで負けつづけてきた自らの闘いを勝ちに転じるべく、自分だけが知らされていない、隠された権力の源を突きとめたい思っているふしがあるようです。しかし、秘められし権力の源の存在を信じるのは、この世のどこかに不死の泉があると信じるのに似ています。

私の答えは、「権力は賞罰を与える能力に由来する」です。言い換えるなら、権力と

は、**喜びまたは苦痛を生む能力**なのです。権力をふるう者は、賞罰を操《あやつ》って自分のほしいものを手に入れようとするのであり、もし苦痛が十分大きく、報酬が十分に望ましいものであるなら、相手をいともたやすく従わせることができます。

しかしながら、相手を従わせることには支払うべき対価がついてきます。相手はただ従うだけではすまないのです。自分の人間性を守るために、自分のやりたくないことをやらされることに対応する術《すべ》を身につけていきます。いわゆる**対処機構**と呼ばれる行動で、**闘うか・逃げるか・従うか**の三つに分類できます。

闘う型とは、反抗、抵抗、欺《あざむ》く、仕返しをもって応じることです。

逃げる型は、身体的にまたは感情的に、あるいはその両方ともに逃げようとします。引きこもり、逃げ出し、幻想を抱き、アルコールやドラッグを用いて、ついには病気になってしまいます。

従う型は、子ども、学生、従業員などが身につけることが多いのですが、三つの型のうちで一番健康的ではありません。従順であること、権威を敬い、命令に従う、特にその内容が自分の重要な欲求と相反するような命令に従うことは、ふつう子どものときに学習し実践する自制のメカニズムで、多くの人が成長してからも使うものです。

しかしながら、従順さは、自己主張や自立、自分の能力を十分に生かすことには悪い影響を与えます。考えてもみて下さい。従順であることが対応パターンであるような人は、受け身で、自発性がなく、依存的ですから、従業員としてはよくないし、どんな人間関係でも難しい相手となってしまいます。

なぜなら、表向きはやさしくて人づきあいがよさそうでも、その下にはすさまじい怒りと敵意が隠れているのですから。

権力についての思い起こしの演習

自分がどのような対処法を用いるかを知るには、私たちの組織のインストラクターが、講座のなかで何万人もの受講生を対象に行ってきた、権力についての思い起こしの演習が役に立ちます。

紙を一枚用意して、四つの欄に仕切って下さい。右側から順番に、それぞれの欄の一番上に「私がやらされたこと」「誰が私にやらせたか」「私はどうしたか（たとえば「従った」など）」「私が感じたこと、それから私がしたこと」と書きます。

そして小学生の頃に戻って、自分がやりたくないことを誰かにやらされた記憶をたどってみます。誰がやらせましたか？　あなたはそれでどうしましたか？　どんなふうに感じ、それからどうしましたか？

もっと大きくなってから、たとえば高校生の頃について、同じように思い出してみましょう。

それから、最後にもう一度。つい最近についてはどうですか？

こういった演習でわかるのは、権力の使用が問題の本質を変えてしまうということです。たとえば、ある講座のなかで、フロリダ州の高校の校長が、自分が小学校五年生のときに、授業中に教室で紙飛行機を飛ばしたからというので、教室の外の廊下に座らされたのを思い起こしました。

彼は面目《めんぼく》を失ったと感じ、ついにはその場から抜けだして駐車場に行き、先生の車のタイヤから空気を抜いてしまったのです。この場合には問題は、教室での妨害から暴力にまでいたってしまったことになります。

そういう経験をしたことはありませんでしたか？　どういうふうに対処しましたか？この演習をした何万人もの人は、ほとんど同じといってよいことを共通して書きだしました。次の項目のなかに、自分にあてはまるものはありませんか？

反逆、反抗（従わない）
復讐、やり返す、反論する
嘘をつく、真実を隠す
怒る、感情的に爆発する
規則を破る
ほかの人のせいにする、告げ口する
威張る、やり返す
徒党を組む、組合を作る
おべっかを使う、ご機嫌をとる、認めてもらおうとする
引きこもる、幻想に逃避する
逃げる、仕事や役割を果たさない
あきらめる、負ける
無視する、黙殺する
争う、勝ちたがる

希望がないと思う、抑うつ感、泣く
怖がる、臆病、引っ込み思案になる
病気になる
過食して吐く、少食《ダイエット》になる
おとなしくなる、言いなりになる、同調する
酒を飲む、麻薬《ドラッグ》をのむ
ごまかす、知ったかぶりをする

権力で強制されたときの対処法の以上のようなメカニズムは、完全に予測できるものですし、また避けられないものでもあります。このように見てくると、この種の権力の使用が、相手の力《パワー》、人間関係を蝕むだけでなく、権力を使った側をも蝕むことがよくわかるのではないでしょうか。

強制する以外にも人を動かす方法はあります。本書ではこのことを詳述したいのです。

夫婦や家族の間の人間関係とその問題

社会科学者は、人間はきわめて社会的である、と言ってきました。私たちは、ほかの人といっしょに住み、遊び、仕事をします。誰と友人であるか、どのグループに属するかにより、自己を定義します。属するグループがなければ、自分でグループを作り、ほかの人に参加するよう声をかけます。

しばらく一人でいると孤独を感じ、家族・友人・職場の同僚・恋人などに、その苦痛からの逃げ道を求めます。

しかし、逆説的ですが、まさしくこの同じ人間関係に、最悪の問題が生じるのです。男性からも女性からも異口同音《いくどうおん》に、「いても苦労、いなくても苦労」と、恋人やパートナーについての意見が出されます。多くの人にとって、これが真実なのではないでしょうか。

また、専門家がよく言うのは、人間関係というものは、ときどき強化されさえすれば続いていく、すなわち、悪いことがあってもそれを我慢できるくらいよいことがあれば、関係が持続するということです。もしそうだとすれば、悪いことを最小にとどめ、よいことを最大にするにはどうしたらよいかが課題となります。

夫婦間の対立をどう解消するか

現代の結婚がいかに困難かを示す指標として、離婚に関する統計がよく使われます。しかし、離婚「率」が何であるかは、その測定法により変わるので、実はわかりにくいのです。それに離婚そのものが必ずしも悪いというわけではありません。まさに命が救われる思いをした人もいることでしょう。ただ、離婚率がかつて言われたほどには高くなく、また社会にとってそれほど脅威ではないにしても、問題があることを示す指標であることに変わりはありません。

また、その理由は何であれ、悪い結婚にとどまる人がいます。不幸な結婚の影響はよく知られています。身体的な病気、精神的・情緒的障害、暴力、自殺、殺人など。これだけでも十分悪いのに、最近では、悪い結婚は免疫力を低下させ、病気になる確率を高めるという新しい研究結果も出ています。

家族が動揺し、離散《りさん》し、争うと、子どもにはストレスがかかります。気分が落ち込み、学業成績は下がります。不機嫌になりやすく、内気になり、体の調子も悪くなることがよくあります。

結婚生活の不調と暴力は、私たちのかかえる問題の第一位を占め、仕事面でもコストの高い影響をもちます。家庭で深刻な問題があると、仕事の生産性が低下します。欠勤、遅刻、それに病気です。事故の発生率が大きくなり、アルコールやタバコの量が増え、健康管理コストがうなぎのぼりになります。

あらゆる結婚に、対立はつきものです。しかし、単に当事者が対立の解消法を知らないというだけで、対立が暴力にまで発展してしまうこともあります。

さらに、夫婦間暴力が、子ども間の暴力に影響します。それも当然でしょう。家庭での言い争い、反論、対立が暴力によって解決されるのであれば、子どもたちの間の意見の相違や対立の取り扱い方も同じようになるでしょうから。虐待をしたり暴力をふるう大人は、そのほとんどが、虐待や暴力のある家庭で育ってきたとの研究結果に、私はそれほど驚きませんでした。

そういう苦痛に満ちた子どもの頃の経験があれば、成長して大人になったときには、同じようなことで自分の子どもが傷つくのを、何としてでも避けようとするのではないかと思えるのですが、実際はそうではないのです。これは重要なポイントになります。

今日確認されているのは、結婚した夫婦が、いかにお互いの対立を解決しようとするかが、その結婚が続くか否かを示す、最も重要な予測指標となる、ということなのです。

結婚における2種類の暴力

結婚における暴力には、少なくとも二つの種類があります。普通のカップルの暴力として知られているのは、感情が激し、言い争いの果てに暴力にいたるものです。調査を見ると、夫婦の三分の一は、お互いに対し、何らかの形の身体的攻撃をしているということです。物を投げる、押す、叩く、つかむ、突くなどで、首をしめる、殴るといった過激なものはごく少数でした。興味深いのは、こういう状況で、女性は男性と同様に暴力的傾向をもつということです。

配偶者への虐待は、これとはまったく別のことです。妻・パートナーに乱暴する夫（少数だが妻の場合もある）は、支配の幻想を維持するのに必要な、あらゆることを行おうとしているように見えます。毎年、二千万人を超える女性が、連続的な虐待の犠牲になっているとの推計もあります。

男性は、腹立たしい事や自分がかかえている問題について話すのを避ける傾向があり、妻に対して防衛的に反応しがちです。一方、女性は言葉に出して話すことが多く、相手に対して言葉で攻撃していきます。ただ男性も女性も、グチや文句を相手に対する批判として口にすることから、言われた方は不当に判断され非難されたと感じてしまいます。問題をさらに複雑にするのは、互いに葛藤をかかえ対立している夫婦が、すでに親であったり、これから親になっていくということです。

すでに夫婦の間でうまくいっていない場合、それに親であることのストレスが加わると、社会が親になるための準備や親であることへのサポートをほとんど提供していないことと相まって、当事者にはもうどうしてよいかわからない事態と感じられてしまうのです。

親子の対立は悪いことか?

私が臨床にたずさわっていた頃、親と子の間に対立があるのは悪いことだとか間違っているといった考え方が、親の間に共通して存在することを知って驚いたのを覚えています。対立など起こるべきではない、特に「自分の」家庭においては、と各人が考えていました。しかし、実際にはどの家庭にも対立は起きていたのであり、今日でもまたそうなのです。

親と子の対立は、思春期などのある特定の年齢に限られているというものではありません。ある調査によると、二〜三歳の子どもと親との間のいさかいは、一時間に三回は起きているということです。簡単な言い争いにいたっては、一時間に四回近くあるというのです。

家庭での夕食時の記録をとった別の調査では、一回の夕食で、平均十八回の親子の争いがあり、そのほとんどが、どちらか一方が席を立つことで終わっていました。

親子の対立は、建設的な対応がうまくなされないと、子どもの適応という意味で、人間的にも社会的にも強力な影響をもち得ます。親との間の緊張関係は、思春期の問題、具体的には麻薬《ドラッグ》、自尊感情の低さ、自殺といった問題と結びついています。

ストレスのある家族での体験の大部分は、子どもの行動で親が受け入れがたいと感じるものを、親がいかに取り扱うかに関係しています。望ましくない行動があると、ほとんどの親は、体罰はふるわないという強い信念があっても、何らかの形の罰でそれを直《ただ》そうとします。

しかし、ほとんど例外なく、望ましい結果を生みません。軽い罰では非受容の行動を変えたりコントロールできないと親が思うと、罰をだんだん重くして、ときには身体的な虐待の域にまで達することもあります。一九九五年に、米国のソシアル・サービス局では、そういう虐待の報告が三百十一万一千件にのぼりました。しかもこれは、「報告のあった」数なのです。実際がどれほどの数で、どれほどのひどさかについては、誰も知らないのです。

ある調査によると、思春期以降の、そして成人してからの攻撃性は体罰から生まれ、特に非行や犯罪行為のような反社会的な形をとる場合にはその傾向が強いという結果が出ています。ところが、これこそ、体罰を加える親が望むのとはまったく逆の結果なのです。

また、別の研究では、親が子どもを叩かない場合、親に暴力をふるう子どもは四百人のうち一人にも満たないのに、親から叩かれた子どもの場合には、その半数が親に暴力をふるったとの結果が出ています。

罰でもなく、甘やかしでもない方法とは

ビジネスにおける一つの格言は、「何かがうまくいかなければ、それはやめよ」です。ビジネスのリーダーにはこの格言が確実に実行できるのに、いざ子どもを育てることとなると、我々にはどうもそれができないようです。あきらかに体罰は効果的ではなく、やめるべきです。

ただ親にとっての問題は、それに代わるものがただ一つしかないように思えることで、しかもそれがアメを与えるご機嫌とり（これもまったく効果的ではありません）か甘やかしでしかなく、子どもの言いなりになることにほかならないからです。

罰が子どもを乱暴にするのと同じように、甘やかしは子どもを礼儀知らずで自己中心的な、思いやりのない、いつでも目ざわりでイヤな奴、という人間にしがちで、これも魅力的な代替案とは言えません。

幸いなことに、これかあれか、厳しいか甘いかの二者択一から逃れる道があります。それは、健康的で生産的な全き人間関係を築くのに使われる原理原則と技能・方法に基づいたもので、家庭のなかにこそ最も必要とされるものなのです。

予防にまさる治療なし

相手に対し、その人が嫌がることを無理強いしてさせることがくり返されると、お互いの関係がおかしくなり、さまざまな問題を引き起こします。力を使って、ほかの人を犠牲にしてまで自分の欲求を満足させる人と、十分に満足できる人間関係を結ぶのは難しく、不可能ですらあるかもしれません。

うまくいかない人間関係といった事柄に関わるとなると、私たちはつい、目覚ましい発達をとげる科学的専門知識のなかにその答えを求めがちです。

医者が一本注射を打つとか、新しい薬を飲むとか、何らかの技術革新や魔法の秘策があって、それさえあれば成功も、健康も、長生きも、幸福も、いい人間関係もすべて手に入って、自分は何もかも順調だという保証が得られるのではないか、と思うのです。ただ、適切な処置法さえ見つかりさえすれば……と。

治療が追いつかない人間関係の病い

痛みの多い不健全な人間関係による傷をいかに治療するかについては、これまでに多くのことがわかってきました。しかし、うまくいかない人間関係そのものを直《ただ》すことで事足れりとするわけにはいきません。

なぜなら、まず第一に、うまくいかない人間関係で傷ついた人の数が莫大であること。第二に、ありとあらゆる方法をかきあつめても、治療できる数よりはるかに多くの人が、次から次へと傷つけられていってしまうということです。

今後二十年間の人口増加を仮に二〇%と見ても、西暦二〇一五年までに、生活のなかのさまざまな問題から深刻な情緒的障害をもつにいたる人は、その数じつに五千万人以上にものぼると見られ、その多くが人間関係の質によって生じると考えられています。

一九九八年四月に、アメリカ心理学会前会長のジョージ・アルビー博士は、米国議会の委員会から、「精神疾患などで機能不全となり、日常生活や人間関係上の問題のために無気力で動けなくなった人に対し、より効果的に対応する方策はないのか」との質問を受けました。そのとき博士はこう答えています。

「数字を見れば、現在苦しんでいるすべての人にサービスを提供できるだけの数の臨床家がいずれは出てくるという希望は、ごまかしにすぎないことがはっきりしています。全米の精神衛生の公立・私立あわせた機関で、年間にわずか六〜七百万人の人しか治療を受けられないことを見れば、現状がいかに絶望的かがわかるのではないでしょうか」

アルビー博士は、劣悪な精神衛生を生む原因を取り除くために予防策を訴え、一八五三年にロンドンでコレラが流行したときのジョン・スノー医師の例を挙げました。

スノー医師は、コレラにかかった人には特徴があるはずだと考え、生き残った患者や家族に会って話を聞きました。そして、病気にかかった人はみな、ブロード街にある決まった公共の水道ポンプを使っていたことを突きとめたのです。そこで医師は、そのポンプの取っ手を外してしまい、近隣の人がほかの井戸からの水を使うようにしたのです。

その結果、コレラの流行は止まりました。ここで着目すべきことは、当時コレラ菌についてはまだわかっていないことが多かったので、スノー医師はコレラの原因が何であるかについてはまったく五里霧中《ごりむちゅう》であったろうということです。それでも、汚染された水を飲まなければコレラを予防できるということだけはわかったのでした。

私は本書が、「ポンプの取っ手」のような働きをし、人間関係にまつわる弊害に悩む数多くの人にとって**問題防止の役目**を果たすことを願っています。確信をもって言えるのは、人間関係がよくなれば、心身の健康が必ずよくなるということです。

問題があるのは親なのか？　子どもなのか？

私はシカゴ大学でカール・ロジャーズ博士に心理療法家としての訓練を受け、同大学のカウンセリング・センターに五年間勤務しました。その後、カリフォルニア州のパサデナ市で開業し、個人と集団のカウンセリングや子どもの遊戯療法をしていました。

私が面接していた成人は、普通の精神疾患にはあてはまらない人が多く、神経病でもないし、精神病でもありませんでした。臨床的に言ってうつでもないし、強迫症でもないのです。彼らは主に家族——配偶者、子ども、自分の親、別れた妻や夫といった生活のなかの人間関係の問題で困っていました。

子どもとの間で問題が生じたとき、親は子どもの方に何かおかしいことがあると思い込み、まるで壊れた車を修理のために工場にもってくるかのように、子どもを私のところに連れてきたものです。

ところが、子どもは健康で普通の様子を示し、情緒的に障害があるとはまるで思えないのです。子どものほとんどが、問題があるのは実は親の方で、カウンセリングが必要なのは親なのだ、と思っていました。
青少年たちからくり返し私が聞かされたのは、

・自分には問題がないけど、親にはあきらかに問題がある
・自分より父親を治療に来させた方がいい
・罰がひどすぎる
・一人立ちできるようになったらすぐに家を出たい
・あんな母親なんか大嫌いだ
・あの親の近くにいるだけでいやになる
・絶対に話なんかしない

私は考え込んでしまいました。「自分が変わるのではなく、親が変わる必要があると確信する若者を、どうやって治療するのだろうか？　親は思春期の娘が問題だと思っているのに、娘の方は親の方が問題だと思っているとき、その娘を援助するにはどうしたらいいのだろうか？　同じように、問題を起こし不幸せな気持ちを味わっている思春期

の若者が、『精神科の医者』なんかで治療する必要なんてないと思っているときに、その親を援助するにはどうしたらいいのだろうか？」と。

親子関係改善のためのプログラム「親業《PET》」

家庭でもこういう問いは私の頭から離れず、うまくいかない挫折感を、妻に長い時間よく語ったものです。

当時私は、カリフォルニア大学ロスアンゼルス分校（ＵＣＬＡ）で受けもっていたリーダーシップのコースについていろいろと工夫し考えていたのですが、親子の関係は組織内のリーダーと他のメンバーとの関係に似ていると思いつきました。そこで私が教えているリーダーシップのコースに似た親向けの訓練プログラムを作れないものか、との思いが生じてきたのです。

すなわち、親が家庭内における民主的なリーダーになる方法を教えようと考えたのです。これこそまさに、子ども参加型の家庭運営！　問題が起こる前の訓練！　将来の治療を避けるための予防！　なのです。

私は新たな意欲でこれに取り組み、八回構成、全二十四時間のプログラムを作成して、

PET（Parent Effectiveness Training 親業訓練）と名づけました。私にとっての新しい専門分野を開発したのです。

本書では、私と親業などの講座のインストラクターが過去四十年の経験から得た、人間関係の問題を予防し、すでにうまくいかなくなっている関係をいかに直《ただ》すかについての知識と情報をお伝えしたいと思っています。

私の開発した訓練講座を受講した実にたくさんの人たちが、人間関係のあり方には世界中そんなに大きな違いがないことに気づきました。たとえば、どの国においても人間関係はタテのヒエラルキーになりがちであること、そして一つの大陸で負けを味わった人は、他の大陸で負けた人と同じように不満をもつということです。

そして私たちを悩ませる精神的、情緒的居心地の悪さ——病い——には、明確かつ単純な予防の道があることを指摘したいのです。

人間関係についての信条《クレド》・その1

あなたと私は、
私が大切に思い
継続したいと願う人間関係をもっています。
でも、私たちはそれぞれ別々の存在で
各々《おのおの》が固有の欲求をもち、
その欲求を満たす権利も各々がもっています。

第2章

誰が人間関係の問題をもっているか？

問題を所有する人が問題を解決する

人間は誰でも問題をもちます。誰かほかの人の問題、たとえば仕事仲間が禁煙ができないというのは、具体的な影響を自分に与えませんから、これはあきらかに彼（または彼女）の問題です。彼（または彼女）がその問題を所有するのです。

もしも彼（または彼女）の行動が自分に影響を与える、たとえばオフィスでタバコを吸うというのであれば、いまや問題は自分のものです。自分が問題を所有するのです。

そして、**誰であれ問題を所有する人が、その問題を解決しなければなりません**。ほかの人たちの協力が必要になるかもしれませんが、その問題を解決するのはあくまでその所有者に任されます。

次に紹介する**行動の四角形**は、誰かが問題をもっている場合に、それが誰なのかを明確にするツールです。これは、その状況のなかで何を行うことが適切であるかを決定するとき、たいへん役に立ちます。

「行動の四角形」の見方・使い方(1)

図1の四角いふちを窓の枠と考えて下さい。窓を通して、相手の人が言ったりしたりしていることを、見たり聞いたりできます。この窓の比喩を使う目的の一つは、見たり聞いたりすることを二つの領域に分けてとらえるのを助けることです。

二つとは、自分に受け入れられる（受容できる）ものと、受け入れられない（非受容の）ものです。受け入れられる行動は、窓の上側を通して見えます（図2）。

図1

図2

こちらは窓の下側で、自分がイヤだ・変えてほしいと思う、相手の行動を見たり聞いたりします（図3）。

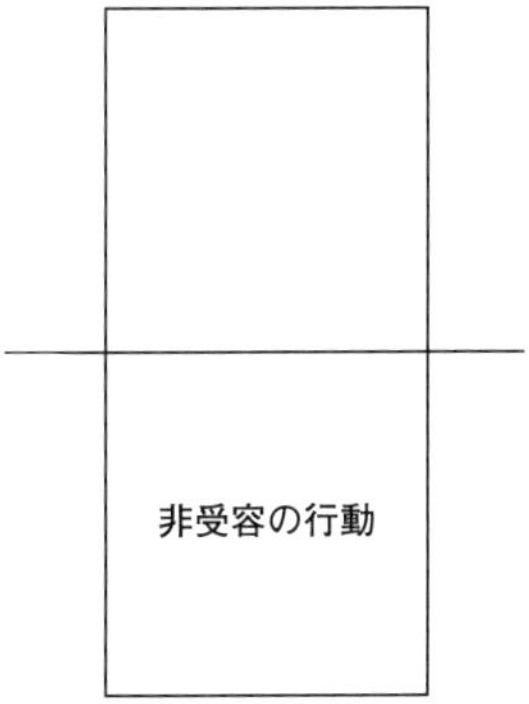

図3

次に、上側の受容できる行動を二つに分けて、三番目の領域を加えます（図4）。

これで窓には三つの領域ができました。受容できる行動と受容できない行動を分ける線の上側に二つ、下側に一つです。一番上の領域で相手が言ったりしたりすることは、自分には何の問題も生みません。しかしながら、相手が問題をもっているというサインやヒントは見つけられるでしょう（図4―Ⅰ）。

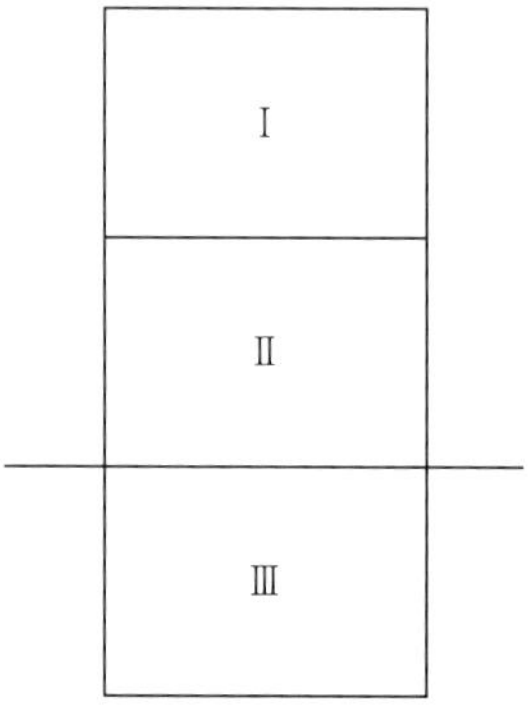

図4

真ん中の領域では、自分も相手も問題を体験していません。そのときは、相手との関係で問題なしの領域です（図4―Ⅱ）。

一番下の領域では、自分にとって問題となる行動が観察されます。それによって自分に否定的な影響があり、何らかの理由でイヤだと思う行動であり、変わってほしい行動です（図4―Ⅲ）。

それでは、行動（Behavior）をＢで表すことにし、窓のなかに書きいれてみましょう。

Ｂ　同僚が、すすり泣いている
Ｂ　配偶者が、目を伏せたままである
Ｂ　息子が、「いい成績なんて絶対とれないよ。ぼくはバカだもん」と言う
Ｂ　友人が、「周りの人たち、特に家族があまりにも批判的で、私に対する期待が高すぎる」と言う（以上、図４―Ⅰへ）

Ｂ　娘が、学校のゴルフ部のレギュラーメンバーに選ばれた
Ｂ　隣人が、「禁煙したのよ」と言う
Ｂ　配偶者が、ラスベガスのスロットマシーンで千ドルもうけた（図４―Ⅱへ）

Ｂ　上司が、退社時間間際に大量の仕事をやるよう指示した
Ｂ　従業員が、仕事中にネットで株の売買に興じていることがある
Ｂ　息子が、庭の芝生を刈る約束をしたのに、まだ刈っていない（図４―Ⅲへ）

ほかの人の問題を代わりに解決しないこと

問題の所有者を決めるのは難しくありません。誰であれ、否定的な感情を体験している人こそが、その思いや感情を「所有」しているのであり、その人にしかそれを解消することはできないからです。

ほかの人の問題を、私なりあなたなりが解決しようとすると、事態を悪化させることになりがちです。たとえば、子どもの靴紐を親が結びつづければ、確実にその子どもは自分で結べないようになります。このように、親の助けが逆に子どもにできなくさせてしまうことを、私たちの講座では、**子どもの「ためにする」こと**と呼んでいます。

私はかつて講座を開く部屋に、

「注意！　いつ『助け』が来るかわからない！」

と大書した看板をかかげていたことがあります。それは、誰かの**ために**何かをする「助け」と、その誰かと**ともに**何かをする「支援」とを峻別《しゅんべつ》し、その違いについての話し合いを刺激したいと思ったからでした。聖書ではこれを、魚のたとえで示しています。魚の獲り方を人々に教えよ、さすれば彼らは自ら食べ物を得ることができる、と。

よい親、よい教師、よいリーダーなら誰でも、子ども、学生、部下の有能感を育てる

行動の四角形

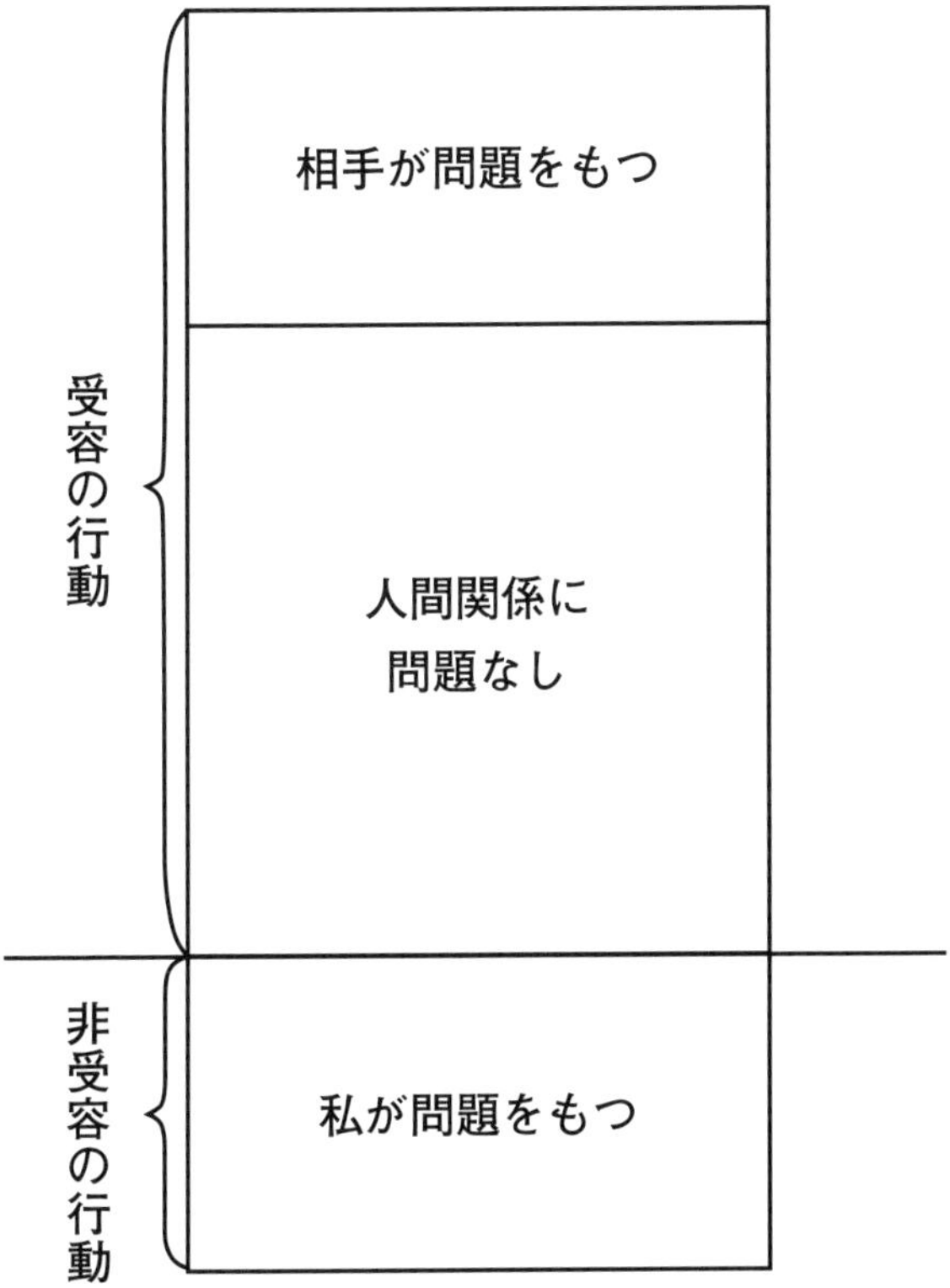
相手が問題をもつ
人間関係に
問題なし
私が問題をもつ
受容の行動
非受容の行動

のに、この原理を使っているのです。

私は、困っている人、悩んでいる人に対し、投げやりに「あなたの問題だ」と突き放すような態度をよしとするものではありません。ただ、その人たちが自分でできることまで代わりにしてしまうのではなく、彼らの支援をする方がずっとよいと思うのです。

支援への第一歩は、問題所有についての正確な評価をするところから始まります。

救助者になる罠を避ける

ほかの人がかかえているトラブルや苦痛をやわらげたいという思いは誰にもあります。自然な思いです。コンピューターの専門家なら、「人間は、愛する人に心を配り、彼（または彼女）を守るためにできることは、何でもするように配線されているんです」と表現するかもしれません。苦しむのを見るのはイヤなのです。

ところが、苦痛をやわらげるつもりの行動、問題解決をし、トラブルを排し、苦しみを予防するつもりの行動が、ときに、**救助行動**になってしまうことがあるのです。**救助行動**とは、トラブルをかかえた人が一人でもできるどころか、一人の方がむしろうまくできるかもしれないことを、ほかの誰かが代わりにしてしまうことです。

このような救助活動をよしとする姿勢に、あらゆる人間関係がひきずられ、誰にとっても否定的な影響を与えてしまいます。救助行動は、救助される人を犠牲にして行われます。救助者は相手を、助けを必要としている、無能で、状況にふりまわされて身動きのとれなくなった犠牲者と見なします。この態度が、救助者を一段上に引きあげ、自分は有能で、できる人だという立場に立たせてしまうのです。

「救助」と「支援」の違い

この関係では、**救助**という形の援助が与えられれば与えられるほど、援助を受ける側はますます自分ではどうにもできなくなっていきます。救助者からの**助け**と、救助者でない人からの**支援**との間には、大きな違いがあります。

誰かが川で溺れていたら、その人を川岸へ引っぱりあげて、救助するでしょう。しかし、そんな助けを必要とするような機会はそうそうあるものではありません。

それに対し、頻繁に求められるのは**支援**であって、その人と**ともに**何かをする**こと**なのです。救助と支援という言葉は同じように使われていますが、実際にはまったく別なことを指しています。

・**救助**とは、相手の問題を自分が所有してしまうことです
・相手の問題を所有することは、自分が相手を無能だと思っていることを、相手に伝

えてしまいます

・無能だと思われたら、腹が立つものです
・怒りをもった相手と接するのは困難です
・そして、善意に満ちみちた救助者は、「どうしてほかの人たちとつきあうのは難しいのか？」と不思議がるのです

「行動の四角形」の見方・使い方(2)

行動の窓の概念を紹介したときに、それを二つの部分に分けました。上側は受容（ＯＫ）の行動、下側は非受容（ＯＫでない）の行動です。さらに上側の領域を二つに分けて、一番上は「相手が問題をもつ領域」、その下が「問題なし領域」でした。こうして窓は三つに分けられたのですが、各領域は安定したままで動かないというわけではありません。

窓の各領域が変化するためには、三つの要素、つまり三つの変数が関わってきます。**自分**、**相手**、**環境**です。この三つの要素については第６章で詳述します。ここでは、ＯＫとｎｏｔＯＫの行動を分ける線（これを「受容線」と言います）は、固定して動かな

いわけではないことを理解してほしいのです。**線は動く**のです。

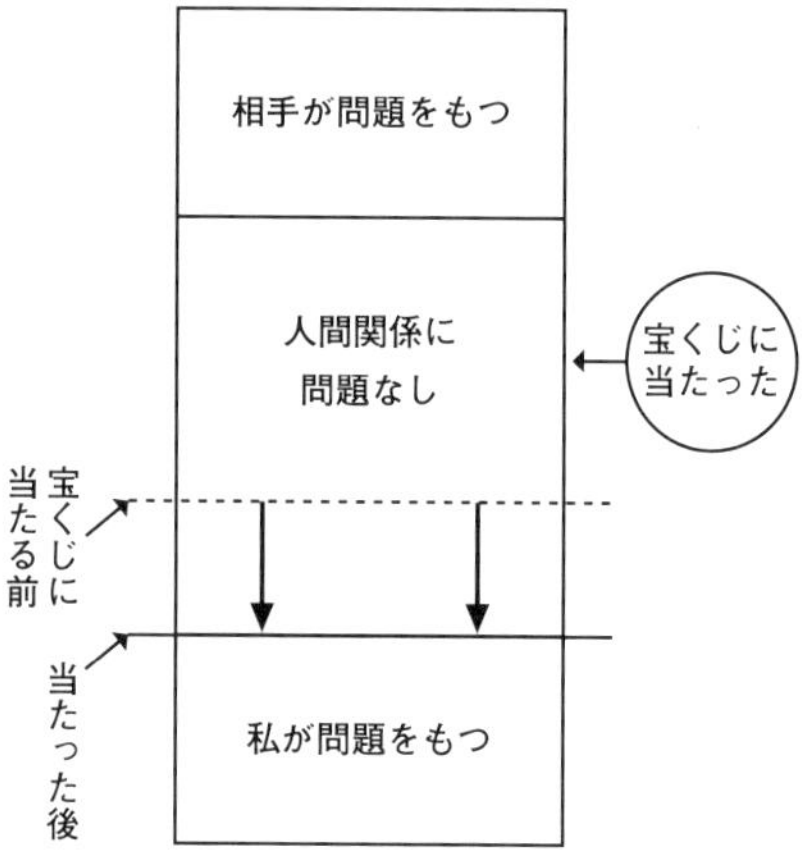

ということは、自分でさえも一貫していないということです。一貫性については語るべきことが多々あります。常に一貫してよいプレーをするスポーツ選手は讃えられ、常に一貫してよい成果を導きだす弁護士、医師、作家などは、高い評価を受けます。しかし、この種の一貫性を、自分の行動や相手の行動について自分がどのように感じるか、

ということにまであてはめようとしないことです。

最後に、窓の「相手が問題をもつ」領域に五つの方法を加えました。

誰かが問題をもっていて支援を必要としている、そして自分がその支援を提供できるというときです。

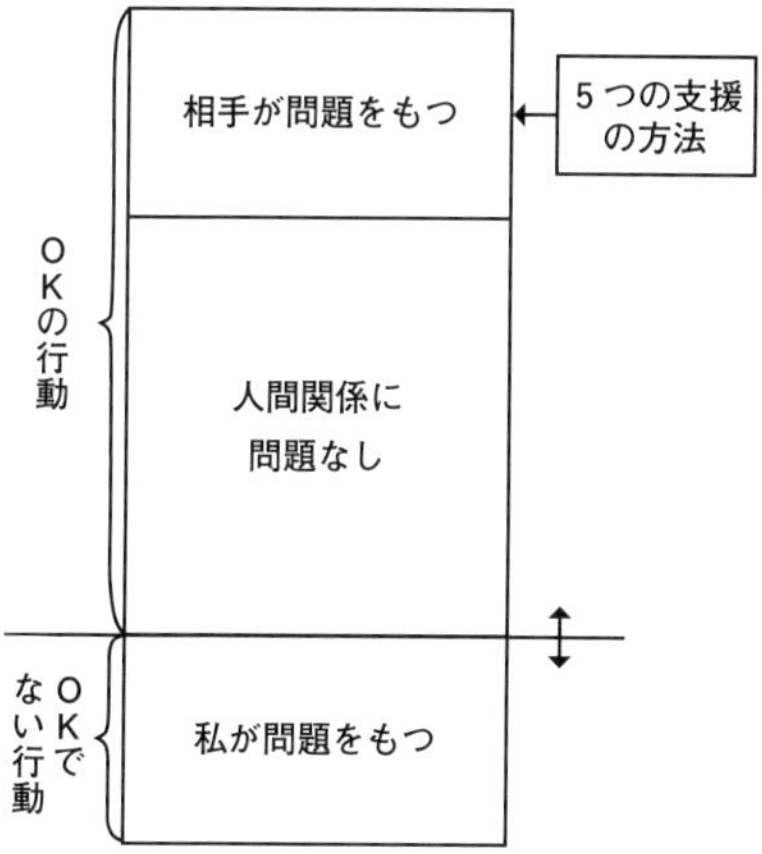

次の章で、こういう状況においてほとんどの人がどのように反応するか、その反応が

どんな救助になりがちなのかを説明し、その後で、真の援助となる五つの方法について紹介します。

復習しましょう。人間関係には、問題所有をめぐる三種類の状況があります。一つは、相手が問題をもつとき。二番目は、自分が問題をもつとき。そして三番目は、相手も自分も問題をもたないときで、このときには問題なしの時間がたくさん生じます。

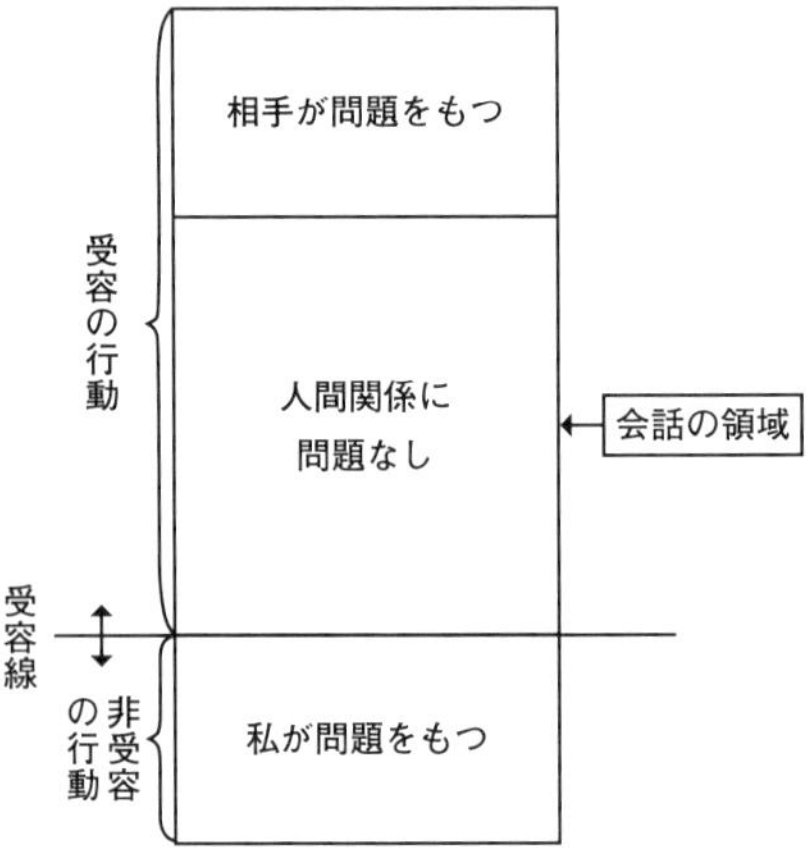

問題なしの時間が多くなると、いろいろなことが変化してきます。遊んだり、冗談を言ったり、からかってみたり……と、ほとんどあらゆるやりたいことができたり言えたりして、このときにパートナーとの会話があれば親密さも増し、楽しい会話になるでしょう。

夫婦やカップルでお互いの考え方や気持ちを語り合い、日常生活のさまざまなことについて交流をもつと、関係が長続きする傾向にあることが、かなりはっきりしてきています。

第3章

人間関係は「聞き方」で変わる！

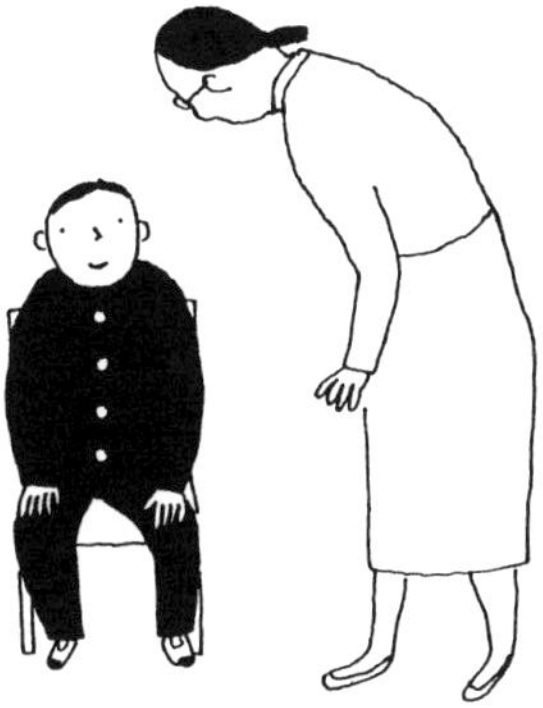

「聞く」ということ

人が集まる場所、たとえばパーティー、講堂、映画館のロビー、体育館などに一歩足を踏みいれてみると、誰もが話している、話という話に囲まれているとの印象をもつに違いありません。でも、はたして誰か聞いているのでしょうか？

どこでもかまいません、人が集まり話しているところで質問してみれば、誰もが「もちろん、聞いています」と答えるでしょう。

そう、誰もが聞いているのです。そうではありませんか？　私たちはテレビもラジオも聞いているのです。友人や伴侶《パートナー》、息子や娘の話も聞きます。音楽や演劇もそうです。同僚、部下、監督者、顧客、コンサルタントの話も聞きます。まるで誰の話であっても聞いているようです。

しかし、本当にそうでしょうか？

それともただ耳に入れているだけなのではないでしょうか？

人間関係をつくる聞き方　こわす聞き方

人間関係を本当によくしたいと願うのであれば、四つのことをしなければなりません。

第一に、**いかに、またいつ耳を傾けるのか**について学ばねばなりません。

第二に、**特別な話し方をいつするのか**を学ばねばなりません。

第三に、**誰も負けることのないように対立を取り扱う方法**を学ばねばなりません。

第四に、**自分にとって最も大切な人とのオープンな対話**ができなければなりません。

相手が耳を傾けるようにいかに話したらよいか、あらゆる人間関係において避けられない対立をいかに解消するか、そして問題なしのときのオープンな対話については後述します。

まず初めに、相手が「自分は理解されている」とわかるように耳を傾けるにはどうしたらよいかを取りあげます。

例を挙げてみましょう。

友人が昼食時に隣に座って、こう言いました。

「こんな所はもうあきあきした！　誰も上にいけたりするもんか。昇進するのは上司の友人関係かピーターソンみたいな大学出のお利口野郎だけだよ。まったく不公平じゃないか！」

こんなとき、あなたなら何と言うでしょう。

「ジム、よくわかるよ。大学の夜間部にでも行ったらどうなんだ。おまえはピーターソンと変わらないくらい頭もいいし、いままで勉強する気がなかっただけなんだろ……。やればできるよ」

この対応のなかに非受容があるのがわかりますか？

同僚に「ピーターソンほど頭がいい」と言いながら、その同僚がまるで自分ではどうしたらいいのかわからないほど頭が悪いかの如くに、どうするべきかを彼に教えようとしているのです。その上、「いままで勉強する気がなかっただけなんだろ」と同僚の落ち度を指摘するような発言もあり、あまり理解があるとは思えない反応です。

次に示すのは、友人が口にしたことのみについての率直な反応です。

「ここでの昇進の可能性が薄いと思って落胆しているんだ」

ジムは自分は理解されたと感じることでしょう。そして多分、解決策を渡されたり、直《ただ》されたり、分析されないからこそ、そもそもジムはあなたに話したいと思ったのではないでしょうか。こういうおしゃべりはしばらくの間続きます。この場合には、あなたの友人は、次のような反応をするかもしれません。

「そうだよ。ごまをするか、管理者訓練プログラムで研修を受けられるように準備するかしなけりゃ、昇進なんておぼつかないよ」

この場合ジムは、自分が何をしたいかがすでにわかっているのです。すなわち、会社の管理者訓練プログラムで訓練される機会を得ることです。彼が求めていたのは**自分の考えをぶつけてみる人、話しながら考えをまとめるのを助けてくれる人**だったのです。

私たちは誰でも、自分の話に耳を傾けて聞いてくれる人、それもカール・ロジャーズが、「評価的な部分が最小のフィードバック」と呼び、私たちが講座のなかで「**能動的な聞き方**」と呼んでいる聞き方のできる人を必要としています。

理解しようとしない聞き方の一例

インストラクター（私たちの効果訓練講座の指導者）を養成する講座のトレーナーの一人がこんな話をしていました。

あるとき空港のラウンジで飛行機を待っていたら、すぐ近くで母親とその六歳くらいの娘とがきつい口調で次のようにやりとりするのを耳にしたそうです。

娘　飛行機に乗るのはイヤッ！　行きたくない。家に帰りたい。
母　あら、大きな赤ちゃんだこと。
娘　ちがうもん、飛行機に乗りたくないんだってば。
母　好きでも嫌いでも行くのよ。だからそんなこと言わないの。
娘　パパに電話する。パパが来て、私を連れて家に帰るもん。
母　（娘をつかんで椅子に押しつけて座らせる）そこに座って、黙んなさい！　誰にも電話なんかしないのよ。行くのよ。だから、黙って！

これを聞いたトレーナーはこう思ったそうです。「私の気持ちにとっては幸いなことに、ちょうどそのとき私の飛行機の搭乗アナウンスがされたので、私はその涙ぐんだ小さい子と怒っている母親をそこに残してラウンジから離れたの。ただ、三万三千フィートの上空で、私は耳にしたばかりの母と娘の会話を頭のなかでくり返し、もしあの母親が娘の気持ちを理解しようと努めたら、結果がどうなっていたかな、と思ったわ。

私の感じでは、あの小さな女の子は飛行機に乗るのが怖《こわ》かったので、もしお母さんが気持ちをくんで、たとえば『飛行機に乗るのが本当に怖いのね。だから家にいる方がいいんだ』といった言葉であのちいちゃな女の子の気持ちをただ認めるだけで、あの子は自由になれたんじゃないかしら」

空港の待ち合い室で腹を立てていた母親が本書を読むことはないかもしれませんが、いまこれを読んでいるあなたに、聞くことについて私の知っていることをお伝えしたいと思います。何が効果的で、何が効果的でないか。

それでは始めましょう。

12種類の「うまくいかないフィードバック」

相手が何か問題をかかえているときの反応として、人がふつう口にする言葉になじみがないという人はまずいません。私たちはこれを**うまくいかないフィードバック**と呼んでいます。コミュニケーションを阻《はば》む障害となるからです。

うまくいかないフィードバックは十二種類に分類できます。先ほどの少女を例に取りあげましょう。

「飛行機に乗るのはイヤッ。行きたくない。家に帰りたい」

この発言に対して、十二種類が各々どのような反応になるでしょうか。

1　命令、指示

行くのよ、だから黙ってなさい。

2　脅迫、警告

ぐずぐず言うのをやめないなら、もっとイヤなことするからね。

3　説教、教訓

本当にいい子は泣いたりしないし、言うことをきくものよ。おばあちゃまのところに行けるなんて、幸せなことなのよ。よろこびなさい。

4 忠告、解決策

ほかのことを考えたらいいのよ。そうしたらイヤじゃなくなるから。ほら、バッグに入れたクレヨンを出して絵でも描いたらどう?

5 講義、教示、事実の呈示

おばあちゃまの家まであと三時間だけなのよ。

6 判断、非難、批判

もう、この飛行場で一番悪い子ね!

7 賞讃、ご機嫌とり

まったく大きいお姉ちゃんで、お利口なんだから!

8 悪口を言う、馬鹿にする

大きな赤ちゃんね。

9 解釈、診断、分析

ママを困らせようと思って!

10 説得、同情

かわいそうな子。旅行は本当に大変だよね。

11　探る、尋問

なんでそんなふうになるわけ？

12　引きこもり、ごまかし

ほら、あそこの小さい男の子がもってる赤い風船を見てごらん。

なじみがありませんか？　あの人、あの場所、あの出来事が思い出されませんか？

自分が何かで腹を立てたら、腹を立てるのはやめなさいと言われたり、腹を立てている本当の理由を言われたり、「いつまでも子どものままでいるな」と言われたりしたことはありませんか？

そんな反応があったときに、自分がどう感じ、どうしたかを覚えていますか？

多くの人は心を閉ざしてその場を立ち去るか、あるいは空港であの少女がしたように、理解されようと何度も試みて、結局はうまくいかない経験をするのがふつうでしょう。

以上の十二種類の反応《フィードバック》はどれも話し手のメッセージを理解したことを伝えるものではありません。それどころか、話し手が言っている内容についてのまっとうな反応ですらありません。実のところは聞き手自身のことを語っているにすぎないのです。

さらにそこには、隠れたメッセージも含まれています。フィードバックの1から5には、「あなたは頭が悪くてこのことについて自分で考えられないでしょうから、私が教えてあげるわ」というメッセージが隠されています。

6から11には、「あなたはちょっと変よ」。

フィードバックの12には、「それについてあまり話したくない」。

うまくいかないフィードバックは、ときに非受容の言語と呼ばれます。誰かが考えていることや感じていることを理解するには、少なくともそのときそれを体験している人にとって、その思考や感情が真実であり事実であることを、聞き手がまず受け入れなければなりません。

従ってここで求められるものは、「受容」の言葉であり、それは**話し手が表現した思考や感情を理解したことを反映するフィードバック**なのです。

聞き方の5つのツール

手にすることのできる聞き方の道具《ツール》のうち最も重要なものの一つは、あまりにも当たり前のことです。何だと思いますか？　それは「**沈黙**」です。

そう、沈黙。自分が話していたり、自分が次に何を言おうかと考えていたのでは、相手の話を聞くことなどできません。

二番目の道具は何でしょう。黙りながら、しかも話し手に十分な注意を向けておく必要があります。「援助の専門家」は、これを「**注意を向けて傍《そば》にいる**」と言います。

話し手の方に顔を向けましょう。目と目を合わせて、相手を見ましょう。体を開いた姿勢でいましょう。相手の親密距離のすぐ外側、いわゆる**快適領域**に身をおきましょう。ほとんどの人にとって一～二メートルの距離の範囲です。これは人によって異なるので、相手との距離をまず縮めて親密距離内に入り、相手が後ろにそったり後退したりしたら、今度は三十センチぐらい自分が下がればいいでしょう。

ときには、聞き手として要求されることが、そこに居て、黙っていることだけということもあります。ただ、黙ったままだと、話し手には、聞き手が本当に聞いていて理解しているのかどうか、はっきりわからないことがあります。

そこで、第三の道具の登場です。これにも名前があります。「**簡単な認知**」です。しかし、これは、「うん」「ふんふん」「本当？」「へーえ」といったような、評価の入らない**相づち**のことを大げさな言葉で表現したものにすぎないのですが。

ときには、どう話を切りだしたものかと迷うこともあるでしょう。あるいは何も言わないけれども、そのしぐさで「わかるでしょ」と訴えていたり、話したいことがあるとき特有の行動をとったりもします。何か普通でないことが起きていることを知らせたくて、泣く、叫ぶ、頭をかかえる――といったこともあるでしょう。こういう場合に役立つ道具は、「**オープン・エンドの質問（心の扉を開く言葉）**」で、「悩んでいるみたいね。何か話してみる？」とか「何が起こっているのか話して」といった、話を切りだすように働きかけることです。

黙って傍にいることとか、共感を伴った相づちなどは確かに有用ではありますが、聞き手が真に理解していることを話し手に示すものではありません。聞き手がそこにいて注意を払っている、ということでしかありません。そこで、第五の聞く道具、「**うまくいくフィードバック（能動的な聞き方）**」の出番です。これこそ、空港のラウンジにいた母親に私たちのトレーナーがしてほしいと願ったことなのです。

難しくはありません。たとえば、空港のあの小さい女の子は、「飛行機に乗るのはイヤッ！　行きたくない。家に帰りたい」と言いました。こういう言葉を耳にしたときには、「彼女の心の内側では、いまどんな感じなんだろう？」と自分に問うてみましょう。

しかし私たちは心が読めるわけではありません。ベストを尽くしても、推測の域を出ません。ですから精一杯の推測をしてみることです。

「能動的な聞き方」を使って推測する

以下にいくつか例を示します。推測してみて下さい。本当のメッセージは何でしょうか？

(1)隣人が腹立たしそうに言います。「もうあんな仕事なんか、大嫌いだ。退屈だし、辞めたいよ。だけど子どもは来年大学だし、家のローンもあるし……これだけの給料を払ってくれる仕事がそう簡単には見つからないよねぇ？」

どんな気持ちか（推測すると……）

(2)同僚が真剣な面持ちで、「もう何百回も禁煙したのに、まだできないんだよ。どうしたらいいのかなあ」と言う。

どんな気持ちか（推測すると……）

(3)娘が泣きながら、「バリーとはもう二年もデートしてたのに、バリーはほかの子ともデートしたいって言ってるの。どうしたらいいのかしら？」と言う。

どんな気持ちか（推測すると……）

推測してみましょう。第一の例では、隣人は多分お金のことで縛られているようなので、「もっと面白い仕事をしたいと思っているけど、いまの状況では転職はリスクが高いと思っているんですね」というフィードバックが、彼の考えていることと気持ちを反映していそうです。

第二の例では、こういうのはどうでしょう。

「禁煙しようとありとあらゆることをしたのに、全部うまくいかなくてガッカリしていますね」

三つ目の例の娘には、「傷ついて、どうしていいかわからないのね」

三つの例とも、話し手の言葉は質問の形で終わっています。しかし、問いに対する聞き手からの答えは実は望まれていないし、必要ともされていないのです。

効果的な聞き手である上で、最大の障壁となるのは、相手を「直《ただ》す」つもりで、あらゆる質問に答えを与えようとすること、あたかもどの状況についても最善の解決策を自分が知っているかのように行動する傾向です。

相手の話を聞きながら、解決策や対応策、治療法や答えを探しているようなら、それは道を誤っています。話し手を理解するためには、聞き手は、話し手の経験していること、思考や感情に注意を向けていなければなりません。

共感的に「聞く」方法

人間はニュートンが重力の法則を説明したときの物体のような動きをする、と言った人がいます。ニュートンによると、静止した物体は静止しつづける傾向があり、動いている物体は動きつづける傾向にあります。

人間も、内面的に安定していて強い感情をもたないときには、沈黙し静止している傾向にあります。しかし、葛藤があったり、強い感情を体験しているときには、不均衡の感覚が生じます。ニュートンの言う動く物体のように、動きつづけやすくなります。

バランスが崩れているので、均衡状態を取り戻すために何かをしたくなるのです。その何かとは、多くの場合、「話す」ことです。そしてその時点で必要なのは、反響板のような、共感的に聞くことで助けられる、信頼できる誰かなのです。

共感的な聞き方はどんな働きをするのでしょうか？　この問いへの私からの最善の答

えは、イライラしたり葛藤をかかえたりしている人が、共感的に聞かれることで自分の経験を完了できるようになる、ということです。完全に経験された経験は消去する、という説があります。残されているのは経験の記憶のみである、と。この説を実証するのにやってみたらよい演習があります。頭が痛くなることがあったら、試してみて下さい。

・座って、目を閉じましょう。深呼吸を二〜三回して、リラックスします
・リラックスしたら、自分の頭のなかに意識を向けて、頭痛を見つけましょう
・どこに頭痛がありますか？　形がありますか？　どんな大きさですか？　色は何色ですか？
・以上の問いかけをくり返し、頭痛がなくなったらやめます

普通は、頭痛がなくなるのに、二〜三回これをくり返せばすみますが、もっと何回も必要なこともあります。こういう質問の目的は、頭痛に注意を集中させることで、これは、苦しみを避けるためにそのことについてなるべく考えないようにする、という自然の傾向に反する行為です。

頭痛に注意を集中させると、自分自身に強いてその痛みを経験させているので、それが「消去」するのです。自分でやると、注意が質問と頭痛に分散されますが、誰かがその質問を問いかけてくれれば、全神経を頭痛に集中できるでしょう。

空港のあの母と娘を思い出して下さい。もしあの母親が、娘は怖がっているのだとわかって、「飛行機に乗るのが怖いのね。家に帰る方がいいんだ」と言っていたら、娘の恐れは小さくなり、その後に続けて能動的に聞くことで、恐れは消失したことでしょう。

聞き手に必要な4つの役割

能動的な聞き方（うまくいくフィードバック）は、まさしくこのように働くのです。体験中のイライラや苦痛が「消去」するのを促すのです。この種の聞き方は、私たちの人間関係における感情的な問題の多くを予防してくれます。

聞き手の役割は、(1)相手に注意を向け、(2)障害になる言い方を避け、(3)救助者にならず、(4)話し手の言っていること・感じていることを自分がいかに理解したかを、推測によって得たメッセージとして、相手にフィードバックすることです。

たとえば誰かが、自分の妻に対していかに腹が立っているか、ということについて本当は話したいのに、「私はコンピューターが怖くてね」と口にするかもしれないのです。

人は、本当の問題について話すのがOKかどうかを確かめるのに、あたりさわりのない安全なことから話しはじめることがよくあります。もしも聞き手の側が、「心配しないで」「恐れることは何もありませんよ」と慰めたり、「コンピューターの教室に通うといいですよ」といった忠告を始めたりすると、本当の問題は多分埋もれたままになって、決して表面には出てこないでしょう。

クライスラー社の前最高経営責任者、リー・アイアコッカ氏は、「聞くこと」の大切さについて次のように述べています。

「人に聞き方を教える所があればいいのに、と強く願っている。結局いい上司は、少なくとも話す必要があるのと同じ程度に、聞く必要がある。本当のコミュニケーションは、両方向に向かうということを認識しない人が多すぎるのだ」

聞き方を誤るのはどんなときか

自分の話が正確に聞きとられると、しばらく話しつづける人が出てきます。だからと言って、自分が本当には聞きたくないとか、時間がないときにまで聞きつづけるのは間違いです。

結局ソワソワしたり、時計に目をやったりといった非言語的なメッセージを出してしまうので、それよりは、正直にほかの約束があることを伝えるとか、この続きをいつにするかと次の約束を相談する方がいいでしょう。

話し手から感情的に離れること

もう一つ陥《おちい》りやすいのは、相手を受け入れる気持ちではなく、相手に変わってほしいと思っているときに聞こうとすることです。能動的な聞き方では、**話し手からの感情的な分離**が聞き手に要求されます。話し手が話し手のままでいることを率直に受け入れる意思です。

このような分離がないと、聞き手の聞き方は正確にはなりません。話し手を受け入れられず、変えたいと思っている場合には、聞くのではなく、自ら話す必要があるのです。

さらに、自分にとって有利な情報を集めるために、聞く技能を使うのも誤りです。それは操作的となり、嫌われます。

「技術」としての聞き方も誤りです。能動的な聞き方の目的は、話し手を支援して、自分が相手を理解していることを伝えることにあるのであって、技術を見せびらかすためではありません。

聞き方を誤らせる8つの要因

以上のほかにも、聞き方がまずくなる場合があります。

(1)感情を誇張する（例：「怖い」と言わずに「ビックリ仰天する」と言う）

(2)感情を抑える（「もう本当に腹が立つ！」と言わず、「イラついた」と言う）

(3)相手のメッセージに、聞き手の側のアドバイスや考えをつけ加える

(4)相手のメッセージの一部を省いてしまう
(5)すでに終わったことに戻ってしまい、前のメッセージをフィードバックする
(6)先まわりして、話し手がこれから話そうとしていることを予想してしまう
(7)話し手のメッセージを逐一《ちくいち》くり返す
(8)メッセージを解釈したり、分析したりする

以上の八つの誤りは、話し手の舵取《かじと》りというか、指導をしようとしています。話し手についてというよりはむしろ、聞き手についての発言なのです。

「聞くこと」には決まりも多いし、誤りやすいという負担があって、複雑にすぎると思われるかもしれませんが、実際にはそんなことはありません。決まりを全部覚えている必要はないし、「よい聞き手になれないのではないか?」とか「(話し手を)混乱させるのではないか?」などと心配する必要もありません。そのわけをご説明しましょう!

相手を理解しようとする意図をもつこと

「地獄への道は得てして善意で舗装されている」という金言を耳にしたことがありま

すか。でもそんなことはありません。地獄への道は**悪意**で舗装されているのです。どんな場合でも**意図こそが行動を強力にします**。本書を読みつづける意図があなたにあれば、あなたはそうするでしょうし、読むのをやめようという意図が、心のなかに湧きでるまでは読むのをやめないでしょう。

効果的な聞き手は意図をもちます。相手のメッセージを理解したことを伝える意図をもつのであり、ほかでもないその意図を相手が**つかむ**のです。相手を理解しようとする意図が明確であれば、相手は理解されたと感じます。意図が手段に力を与えるのであって、技術や技能がそうするのではありません。

また、ときには、複数の人たちの間のコミュニケーションをスムーズにするファシリテーターとして介在して、人間関係の問題を解決する手助けをしてほしいと頼まれることがあるかもしれません。そんなときこそ、聞き方の技能を活用するときです。

次に示すのはその一例です。実際にあった高校の校長室での話し合いのテープから抜粋しました。

二人の女子高生がトイレで争っていたというので校長室に連れてこられたのです。

校長　二人でトイレで争っていたと聞いているんだが。
キム　そんなにひどくじゃありません。すぐに誰かが間に入っちゃって、最後までやらせてくれないんだから。
校長　この机とあのファイルキャビネットを動かして、もう二度とケンカしたくないというくらいにまで、ここで二人で争うようにしたらいいかな？
キム　それはいやです。ケンカって安っぽいから。
校長　争いでは問題が本当には解決しないと、君は思っているんだね。
キム　そう。いまのはなんだか馬鹿げた提案よ。だって、そんなことしたら、もっと悪くなっちゃう。
校長　その案はイヤなんだ。この問題をどう解決したらいいか何か考えがあるかね？
デニーズ　私たちを停学にしたら？　いつもそうするじゃない。でも、それでは本当には何も解決しないから。
校長　停学では問題が解決しないと思うんだ。
デニーズ　そう。それどころかもっと悪くなる。だって学校がないときにケンカしちゃうから。

校長　停学では、争いを先に延ばすだけなのか。

キム　そう。ふつうはどこか広いところで、まるで二匹の犬か猫みたいに争って、その後でなんだかイヤな気持ちになる。安っぽく感じるのよね。

校長　ケンカした後では、自分のことがあんまり好きでない感じになるのかな。

デニーズ　わかるでしょ。

校長　私も君と同じ意見で、停学はいい解決にならないと思うよ。それは、私たち学校が問題を排除してしまうだけのことで、君たちの問題を本当に解決する努力をしていないと思うんだ。私は本当に助けになりたいんだ。

キム　そのことについて話してもいい？

校長　こういう行動について話し合うのが役に立つかもしれないと思うんだね。

キム　はい、そう思います。

校長　（デニーズに）いまの提案に君は賛成かな？

デニーズ　やってみたらいいと思う。停学よりかいいし。

校長　確かに、三日間の停学でその問題を避けるよりも、その話をする方がいいというのは私も同感だよ。どうなるか、とにかくやってみよう。誰から始めようか？

キム　まあ、本当は馬鹿みたいなんだけど。

校長　あんまり意味のないことについてケンカをしていたということかな。

デニーズ　ほんとにそう。どっちでもいいことだったのに。

校長　二人ともそんなに大事にしていないことだったのに、ケンカになってしまったというふうに聞こえるけど。

デニーズ　そうなんです。きのうの晩、妹が、キムから電話があって、もし私がキムの悪口を言うのをやめないなら、学校でその仕返しをするって言ったって言うんです。私はキムの悪口なんか言ってない。キムの方こそ私の悪口を言っていたのに。キムったら、私がアバズレだって言って。そんなこと、私は誰にも言わせない。

校長　悪口を言われるのは、すごくイヤなんだ。

デニーズ　そう。誰でもそうじゃない？

校長　誰でも悪口はイヤだよね。

デニーズ　そうよ！　特にそれが本当じゃないときはね。私はアバズレなんかじゃないし、キムがそう言ったときは、もう本当に頭にきた！

校長　自分がそうじゃないのに悪口を言われると、本当に気持ちが大きく揺さぶられるんだ。
デニーズ　そうです！
キム　ねぇ、私はアバズレなんて言ったことはないのよ。デニーズの妹と私の妹がうまくいってなくて、妹がこの間電話したときに、デニーズが出て、私の妹がアバズレって言ったのよ。私じゃないわよ。
校長　ええと、私はちゃんと理解しているかな。君の妹がデニーズの家に電話をして、デニーズが出たら、君の妹がアバズレって言ったのかい。
キム　そう。
デニーズ　でも、キムが話してるみたいだった。
キム　でも私じゃないの。妹がここにいたら妹にそのことを言わせるのに。妹の問題に私を巻きこまないでほしいわ。
校長　妹に問題があるんだったら、自分で解決してほしいと思うんだね。
キム　そうよ。自分の問題だけで十分だわ。
デニーズ　もし電話がキムじゃなかったんだったら、ごめんね。謝るよ。

キム　いいよ。だいたい妹がアバズレなんて言うのが悪いんだから。
校長　なんだか二人とも今度のことを悪かったと思って、お互いに謝ったし、お互いにいいよっていうことになったようだね。
キム　つまんないことでケンカしちゃった。
校長　ケンカするほどのことじゃなかったかね。
デニーズ　そうよ、終わってよかった。
校長　この件が終わってホッとしたみたいだね。
デニーズ　本当にそう。
キム　私も。
校長　教室に帰る前に一つ約束してくれないかね。
デニーズ　それだけでいいの？
校長　もっと何かした方がいいと思うのかな？
デニーズ　そんなことない。でも前には、ケンカするたんびに怒られるか停学にされるかだったから。
校長　今日のはいままでとは違ったんだね。

デニーズ　そんなもんじゃないよ。すごく違った。でも今日の方がいい。
校長　この問題の解決の仕方がよかったんだね。
デニーズ　うん、ほんとに。
校長　さて、約束のことだがね。二人とも、誰かとケンカしたくなったとき、私のところに来て、まずそれについて話をするようにしてみるのはどうかな。そうしたら、問題を公平な形で解決できるんじゃないかな。約束するかね？
二人　はい。
校長　オーケー。それでは教室に帰りなさい。

この校長は、二人の少女が気持ちを吐きだし、共通の理解をもち、合意に達するにいたるまでのほとんどすべてにおいて、能動的な聞き方をしています。少女たちは、その後互いに親しい友人になったということです。
この章の最後に、無名の人による「聞くこと」についての一篇の詩をご紹介します。この小さな詩のなかに、人間が自分の伴侶や友人に何を望むかがよく表されています。

聞いて

私があなたに　聞いてと頼んだのに
あなたがアドバイスを口にしはじめると
あなたは私のお願いしたことをしていないの。

私があなたに　聞いてと頼んだのに
あなたが　私がそんな気持ちになる必要はないと　説明しはじめると
あなたは　私の気持ちを踏みにじっているの。

私があなたに　聞いてと頼んだのに
あなたが　私の問題を解決するために
何かしなければならないと思ってしまうと
あなたは　私を裏切るの
変に聞こえるかもしれないけれど。

聞いて！　私がお願いしているのは　あなたが聞くこと

話すことでなく　することでなく　ただ
私の話に耳をかたむけて。

それに私は　自分のことは自分でできるの
私は無力ではないんですもの
私は失望しているかもしれない
足元が安定していないかもしれない
でも　無力ではないのです。

あなたが私に何かをしてくれて
それが私が自分でできることだったら
あなたは私の恐れと不全感を作っていくのです。

でも　あなたが　それがどれほど理屈に合わなくても
私の感じていることと　私が感じているという事実を受け入れると
私は　あなたに理解させようという努力をやめ
この理屈に合わない感情の背後には何があるのかを

理解する仕事に向かうことができるのです。

そして　それが何か　はっきりしたとき
それに対する答えは明白で
私には　アドバイスは　いらないのです。

理屈に合わない感情も
その背後に何があるかが理解されれば
その意味がわかるのです。

多分　これがときに　ある人にとって
祈りが意味をもつ理由なのでしょう
なぜなら神は沈黙し
アドバイスを出したり
物事を直《ただ》したりしようとしないから。
神は　ただ　耳を傾け
あなたに自分でさせるのです。

だから　どうぞ聞いて
私の話に　耳をかして下さい
もし　話したくなったら　少し待って
自分の番まで……
そしたら私があなたの話を聞きますね。

人間関係についての信条《クレド》・その2

あなたが問題を体験しているときに
私はあなたが自分で解決するように支援するため、
真の受容とともに
あなたに耳を傾けます。
私はあなたが、
たとえそれが私のとは異なるものであっても、
あなた自身の信条や価値観を選ぶ権利を尊重もいたします。

第4章

人間関係は「話し方」でも変わる！

健康な関係の礎石となるものは、正直さです。しばらく前に、私は友人や隣人に、「自分のことをどれくらい正直だと思いますか?」と訊ねたことがあります。

「1点から10点までで点数をつけてみて下さい。10点はほとんどいつも正直、1点は正直であることはまずない、と考えて」

この非科学的な調査で、ほぼ全員に近い人が8点以上と自己採点しました。多分ほとんどの人について同じ結果が出るのではないでしょうか。

たいていの人は正直で、税金をごまかしたり、万引きをしたりせず、約束を守り、ほかの人と接するのに公明正大で、一般的に言って信頼に足ります。

しかし、この同じ人が、腹を立てたり、非受容の感じをもつと、真実に対し無責任な行動をとるようにもなります。

たとえば、あなたの娘が十代で、パーティーから夜中の十二時すぎに帰ってきたとしましょう。

十一時までには帰ると約束して出ていったのに、一時間以上も遅れて帰ってきて、「ただいま。遅れてごめん」とだけ言います。それまで家の内と外をウロウロ歩きまわり、胃が痛むほど心配し、「何かあったのでは?」とそのことばかり考えていたのに、です。

なんで電話一本しないのか？　事故にでもあったと思うじゃない！　あなたなら何と言いますか？　次のような対応は、身近に感じませんか？

(1)「一時間以上も遅れているのがわかってるの？　いままでどこにいたの？」

(2)「電話もしないなんて！　だらしがないわね」

(3)「すぐ自分の部屋に行きなさい！　もう車は使わせないからね！」

こういう親の言葉に聞き覚えがありませんか？　三つともコミュニケーションの障害となる言葉です。

具体的には、**尋問、悪口、命令**……すべてが娘についての言葉で、親である自分たちがいかに心配したかという気持ちの表現ではありません。

問題を解決する話し方　悪化させる話し方

しかし、この場合、いったい誰が問題をもっていたのでしょうか？　娘ではありませんね？　そう、問題をもっている両親に接するまでは、です。

前述したように、問題の所有者は自分で問題を解決しなければなりませんし、この場合にも問題を解決するには両親が話す必要があり、実際彼らは話しています。

しかし、話はしたものの、怒った両親が使った種類の話は、新しい問題を生み、さらに問題を悪化させる可能性のあるものです。もっと直接的で正確な話の仕方が必要になります。本章ではこのことを取りあげます。

受け入れがたい相手の行動と「対決」するとき

それでは、行動の四角形に戻って、問題所有の考え方と適切な対応行動を復習しましょう。窓の一番上にある行動は受容できる、自分にとってＯＫの行動です。問題があるにしても、これは相手に属します。

しかし、窓の一番下から見える行動は、自分にとってＯＫではありません。それについて自分が何かしなければならないのであり、自分が問題を所有します。

真ん中は問題なし領域で、お互いに問題を起こすことなく、ほとんど何でもできるところです。

窓の右側に、各状況に適切な方法が記されています。上の三分の一が援助の方法、そして下の三分の一が対決の方法です。

この図はたいへん役に立ちます。何が起こっているか、自分がそれをどう感じるかに応じて、何をすればよいかがわかるのです。もしあなたの同僚がイヤな一日を過ごしていれば、あなたはそれを窓の一番上から見ます。同僚自身がその悪い一日を所有するのです。こういうときは、聞くことで相手の役に立てます。

しかし、もし同じ同僚があなたの駐車場に車を入れて、あなたが別の場所を捜すのに手間どり、挙げ句の果てに遅刻をするような事態になれば、それはＯＫではありません。「私が問題をもつ」領域に入ります。今度はあなたは聞きません。あなたは話すのです。あなたの駐車場に車を入れた人と対決します。

ゴードンの人間関係モデル（1）

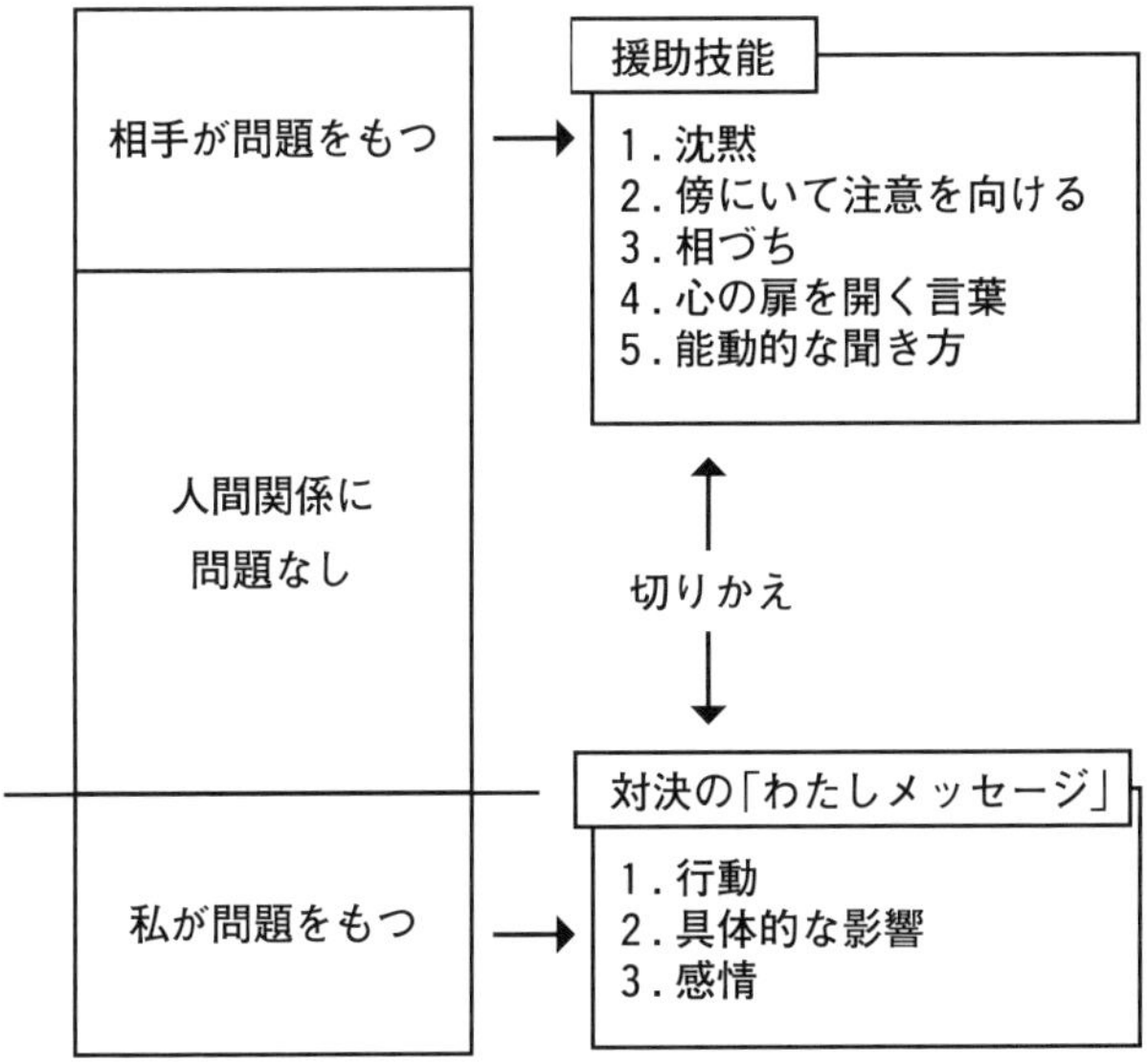

理論的には、対決は簡単です。しかし、その実行はそれほど簡単にはいきません。本当に効果をもたせるためには、対決のメッセージの内容、すなわち、使用される具体的な言葉が、次の四つの基準に合わなければなりません。

第一に、メッセージは相手に有効な変化を生む確率が高くないといけません。第二に、相手の自尊感情を低めてはなりません。第三に、お互いの間の人間関係を破壊するものではいけません。第四には、その問題を解決する方法、解決策についてはオープンにして、あらかじめ用意しておかないことです。

以上の条件を満たす話し方は、私の知る限りでは一つしかなく、そのためには、従来の文化的規範である**指示、非難、批判的なメッセージ（あなたメッセージ）**から、まったく別な話し方に切りかえることが要求されます。

約束より遅れて帰宅した娘に対して両親がしたように、ほとんど誰もが、受け入れられない行動に対してというより、その攻撃する相手について表現する形で話します。たとえば、

・「礼儀知らずなんだから」

・「それやめてよ」
・「あなたは私のことなんか気にしてないんでしょ」
・「そんなことじゃ何にもできないわよ」
・「思いやりのない子ね」

こういうメッセージは特に相手を傷つけやすいのです。それは、相手の言ったりしたりしている望ましくない行動を取りあげるのではなく、相手そのもの、その人の心のもち方や人格を攻撃してしまうからです。

「あなたメッセージ」から「わたしメッセージ」へ

単純に思えるかもしれませんが、相手、特に自分が問題を感じている相手と話す話し方を変えることで、相手との人間関係の質を劇的に変化させることができます。どうすればいいのでしょうか？　誰かと話すときに、あなたという言葉をほかの言葉に変えるのです。一人称で語り、自分について語るようにしましょう。代名詞は、「**私**」を使います。

人生において最も強力な言葉は、いつも「私」で始まっています。たとえば、簡単な宣言の文章である「私はあなたを愛しています（I love you）」は、人の目に涙を浮かべる力をもっています。

これに比べ、判断を下すような「あなたメッセージ」で、「あなたは人に愛されやすい人ね」と言っても、相手へのインパクトは小さいものです。相手に自分を理解してほしいと思ったら、「私」を主語にして話しましょう。私がほしいのは、私が考えているのは、私が感じているのは、私が知っているのは……などなど。これ以上に簡単なことはないのではありませんか？

ただ、自分が受け入れられない相手の行動と対決するには、それだけでは十分ではありません。メッセージに二つまたは三つの要素を加えることが必要になります。

三部構成の「わたしメッセージ」を使う

第一に、相手が言ったりしたりしていることのうち、何が自分にとって問題であるのかを、具体的に相手に伝えなければなりません。さもないと、相手には何の話なのかさえわからないことでしょう。

そして、その相手が言ったりしたりしていることが、自分にどのようなイヤな影響を与え、その影響について自分がどう感じているかを伝えねばなりません。すなわち、これには次の三つの部分が必要です。

(1)行動に対する非難がましくない表現、(2)その行動がもたらす自分への具体的で目に見える影響、そして、(3)その負担についての自分の感情、です。

非受容の行動についての「非難がましくない表現」というのに留意して下さい。「**いつも**」とか「**絶対に**」といった一般化した表現は使わず、感情的な言葉や言いまわしも避けましょう。

対決の目的は、相手の行動を変えることであり、教訓を学ばせたり、罰するところにあるのではないからです。

駐車の問題で考えてみましょう。対決のメッセージは、たとえば次のようになります。「私の駐車スペースが使えないと（非受容の行動の非難がましくない表現）、別の場所を見つけて車を動かさないといけなくなるの。それで手間どってしまって、ここに来るのが遅くなって（具体的な影響）、だから腹が立つの（感情）」

もし駐車場を使ってしまったのが私で、相手からこういうふうに言われたら、多分私は謝るでしょうし、どうして私がそうしたかの理由をきちんと説明し、もうこんなことはしないから、と約束もするでしょう。

対決を避けたくなる理由

多くの人が対決を前にして臆病になりがちなのには、いくつかの理由があります。

その第一は、ほとんど誰もが、対決をしたりされたりしたときの苦い経験をもっていることで、それも無理はありません。

なぜなら、「あなたメッセージ」での対決は、お互いを傷つけやすく、人間関係を破壊しもしますし、多くの場合、正確ですらなく、お互いを引き離してしまうものだからです。

あるいはまた、対決すると相手に嫌われるだろうからと考えて、対決をちゅうちょしてしまうという人もいます。これもまた、過去の「あなたメッセージ」での失敗に基づいた考え方でしょう。しかし、信じて下さい。「わたしメッセージ」を使うと、相手の反応がいままでとまったく異なってきますから。

何度もくり返し耳にしてきたのは、使う言葉を自己開示のできる「わたしメッセージ」に変えたら、二つのことが変化したということです。第一は、相手がすんなりとその非受容の行動を変えた、ということ、第二は、メッセージが相手についてではなく、話し手自身についてのものなので、感情を傷つけたり、緊張を生んだり、イライラしたりする危険が少なくなるということです。

対決は「そのとき、その場で」

ときには、自己開示の表現を学んだことで、いままでの人間関係のもつれを整理整頓したいと考えることがあります。対決したい相手は誰か、とそのリストを作り、さわらずにおいた方がよいような古傷をむし返すのです。

カウンセラーはこれを、「大掃除」と呼んでいますが、ためこんだ不平不満を誰かに一度にぶつけてみたところで、相手も、そして自分自身も、そんなにうまく対処できるとは思えません。

いまを生きることです。物事が起こったら、**そのとき、その場で**対決しましょう。そうすれば、古傷をためこむ必要もなくなります。それに、過去は変えられません。過去について誰も何もできません。忘れることです。

「わたしメッセージ」でうまくいかないとき

誰かの行動を表現するように、と言われて、講座の受講生が、行動そのものではなく、**行動についての評価や解釈**を表現してしまうことはよくあります。

講座を担当するインストラクターは、そんなことでは驚かなくなりました。行動は観察できます。定量化できるものですし、複数の観察者が個別に観察した結果を照らしあわせても十分一致可能なのです。ビデオカメラは行動を正確に記録しますが、判断を下したりしません。**行動は人が言ったりしたりすること**です。

ですから、誰かの行動を表現するときに、その行動についての判断、推測、先入観を捨てましょう。

行動について描写する

能力は行動ではありません。同様に、不作法、神経質、不機嫌、寛容、謙遜、知性などという何百もの言葉が、間違って行動の範ちゅうに入れられています。
誰かと対決しようとするとき、考え方としては、ビデオカメラのようになることです。判断せず、抗議の対象となる行動をただ描写すること。自分の目で見、耳で聞こえることを、できる限り非難がましくない言葉で表現します。

たとえば、どなるのをやめることはかなり簡単なことですが、思いやりがないことをやめるのはほとんど不可能に近いでしょう。

ですから、「大声でどなると、私は集中できない」と言えば、「あなたは不作法で思いやりがない」と言われるよりは、相手は大声でどなるのをやめやすいはずです。私の経験では、人は、先入観、憶測、評価、解釈をされたことについて反論したくなります。

逆に言えば、何か議論をしたければ、先入観、憶測、評価、解釈などが、それを引きおこしてくれます。

しかし、行動を変えてほしいときには、相手の行動、すなわち、相手の言ったりしたりすることについて語らなければならないのです。

時間があれば、三部構成の「対決のわたしメッセージ」を相手に言う前に、紙に書いてみるといいでしょう。書くことで、よりよい言葉に直し、きめ細かく検討し、洗練することができるので、自分の言いたいことを正確に表現できるようになります。特に「わたしメッセージ」の使用を学びはじめたばかりのときにはおすすめです。

ところが、講座でこういう練習をした人の「わたしメッセージ」の多くが、「私は怒っている」という感情の表現で終わることに気がつき、それでいいのか、とにかく何でも「怒っている」と口に出して言ってしまってもよいものか、という疑問が出てきました。「怒り」という特別な感情の存在に気づいたのです。

第一に、「怒り」は、ある状況に対する反応としては完全にノーマルで、「それでいいのか？」という疑問に対しては、「はい、いいのです」という答えになります。「怒り」をもつことは健全なことですし、「私は怒っている」という終わりの言葉で「わたしメッセージ」をしめくくることも、もちろんよいのです。しかしながら、かなり「頻繁に」怒っているのであれば、次のことを考えてみるといいでしょう。

「怒り」の前にある別な感情を見つける

「怒り」は実は第一次的な感情ではなく、第二次的、または三次的ですらある感情です。いきなり怒りだすという人はめったにおらず、必ずその前に**別の感情**が起こるのです。

たとえば、ハイウェイで車を運転していて、すぐ近くを猛スピードで車が通り、あやうく事故を起こしそうになったとしたらどうでしょう？　この場合、第一次の感情は何でしょう。まず何が来ますか？

恐れはどうです？　身の縮むような怖さではありませんか？　死にそうだったのです！　腹が立つのは、「それから」ですよね。

頻繁に怒っているという人は、三部構成の「わたしメッセージ」の感情の部分に来たときに、「怒り」の前に自分のなかで何が起こったのか？　困ったのか？　戸惑ったのか？　怖かったのか？　不満が残ったのか？　傷ついたのか？　と自らに問うてみましょう。

もしもより第一次に近い感情が見つかったら、「怒り」の代わりにその感情を相手に伝えましょう。対決したとき、「怒り」の感情に対応するのはたやすいことではないからです。

自分ではそのつもりではなくても、「怒り」の感情は、一般的には敵意や非難に満ち、批判的な「あなたメッセージ」と見られやすいのです。そして攻撃されたと感じると、人は防衛的に反応しがちなのです。

「わたしメッセージ」も万能ではない

先に、「あなたメッセージ」でなく、三部によって構成されている「わたしメッセージ」で対決すると、すんなりと相手がその行動を変えると述べました。

もちろん、ときにはそうならないときもあり、それにはそれなりの理由があるはずです。

第一に、相手が、自分の行動があなたに具体的な影響を与えていると理解しない、またはそれに合意しないとき。あなたが相手を操作しようとしていると思うのです。

第二に、抗議したいとあなたが思う行動が、相手が自分の欲求を満たす上で重要で、あなたを尊重する思いよりも強いとき。こういうとき、相手は自分の行動を変えようとはしません。

第三に、あなたのメッセージが漠然としていて、あなたの本当の感情とマッチしていないとき。これは、対決をする側が「いい人」でありたくて、本当は、「もう、これ以上ないくらい頭にきた！」とボディ・ランゲージで表現しているのに、言葉では程度を抑えた感情表現をしているときに起こります。

相手が行動を変えない第四の理由は、いい加減なメッセージを送る、たとえば、三部構成になっていないとか、非難、批判などの障害となる言葉を使っている、といった場合です。質の低いメッセージで一番よくあるのは、相手に対し、どうしたら助けることになるかを示しているものです。

「ドアを開け放したままにしておくと、ここが寒くなるから、だから閉めてね！」

解決策を示すメッセージは、相手に与えられた、その行動を変化させる機会を奪ってしまいます。

どういう理由からかわかりませんが、「わたしメッセージ」には毎回確実に効き目があって、例外なく相手がその行動を変えるはずだと考える人がいます。それは誤解です。「わたしメッセージ」は、魔法の呪文ではありません。相手に対し、「相手の行動が私にとって問題を起こしている」と伝える方法のなかで最善である、ということでしかありません。それにより、相手が罪の意識をもったり、おとしめられたと感じたり、恨んだりする可能性を小さくするのです。

しかし、「わたしメッセージ」は、相手があなたの欲求を思いやって、すぐにその行動を快く変えるという絶対的な保証をもつものではありません。人間関係はそんなに単純ではありませんし、人間もまたそんなに予測可能ではないのです。

自分のしていることを受け入れがたいと言われることは、相手にとってはイヤなことになり得ます。世界中で一番よい「対決のわたしメッセージ」ですら、言われた側には気にさわるということはあり得るのです。

もしそうであれば、対決することで自分自身の問題を解決しようとする状態から、対決した相手を支援する方へと、難しい姿勢の切りかえを行わなければなりません。

「切りかえ」の一例

たとえば友人がキッチンの修理をしたいと言って、あなたから道具を借りていったとします。二、三日したら必ず返すと言っていたのに、一週間たってもまだ返さず、今度は自分の方で道具を使う必要が出てきました。友人にそのことを告げることにして、「まだ道具が返ってきていないんだが、今度は僕が使う必要ができたんだ。困ってるんだよ」と言います。

友人は「そんなに急いでするほど大きなことじゃないと思ったんだよ。だけどそんなにうるさく言うんだったら、いま取ってくるよ」と答えました。

さぁ、どうしましょう？　何が起こっているのかを示すのに、行動の四角形を使いましょう。

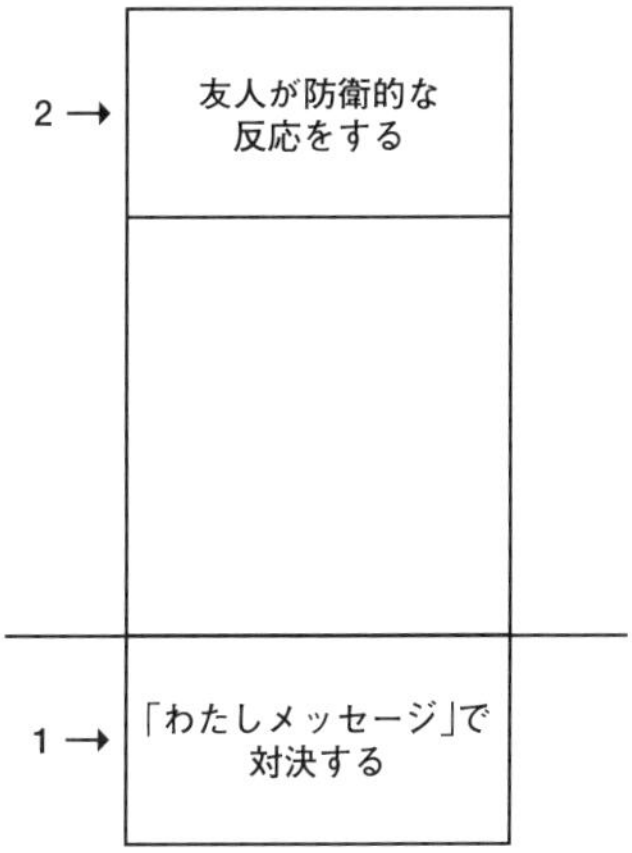

受け入れがたい相手の行動である、自分の道具を返却しない、というのは、一番下の「私が問題をもつ領域」に入ります。自分が対決したことでの相手の防衛的な反応は、上側の「相手が問題をもつ領域」に入ります。何が起こったかというと、自分からの対決のメッセージが、相手である友人に問題を与えたのです。もし相手からの援助がほしいのであれば、そこで相手の話を共感的に聞き、相手の感情の温度が下がるまで続け、

相手を支援しなければなりません。

これは「**切りかえ**」と呼ばれます。対決した後で「聞くこと」に切りかえるのが難しいと感じるようでしたら、それは決して珍しいことではなく、同じことを試みた多くの人たちの仲間に入ったのです。確かに難しいのですが、実行してみる価値があります。援助してほしいなら、支援する用意が必要なのです。

先ほどの例に戻ってみましょう。自分の対決のメッセージで、相手である友人が腹を立てたのがわかったので、聞く側にまわってこんなふうに言ってみます。「私がせいていて、君はそれがイヤなんだね」

「まあね」と相手は続けます。「そろそろ返しに行こうかな、と思っていたところなのに、何だかせかされて、まるで全然待てないみたいに言うからさ」

(聞く)「やろうと思っていたことを私が無理にせかせているように感じるんだ」

「そう」

(対決)「排水管がこわれたので修理しなきゃいけないと思ったから、君に貸した道具がどうしても必要になったんだよ。そのときになって、『どうして返してなかったのかな?』って不思議に思ってね」

「ああ、正直に言うと、ここ二、三日いろんなことが次々と起こって、すっかり忘れてしまっていたんだよ。もしそれで君が困ったんだったら、謝るよ。いますぐここにもってくるからね」

(聞く)「それは有難い。君はずっと忙しすぎて、ついそのままになったんだね」

「そうなんだよ。いま取ってくるから、十分くらいで届けるよ」

「ありがとう」

いまの道具の貸し借りの会話は、次のページのように図示できます。

この過程の最後に起こるべくして起こるのは、道具の貸し借りのケースと同様に、行動の変化か、あるいはお互いの対立が明白になり新しい方法が必要とされるか、のいずれです。この点については、次章でふれることにしましょう。

「切りかえ」のモデル

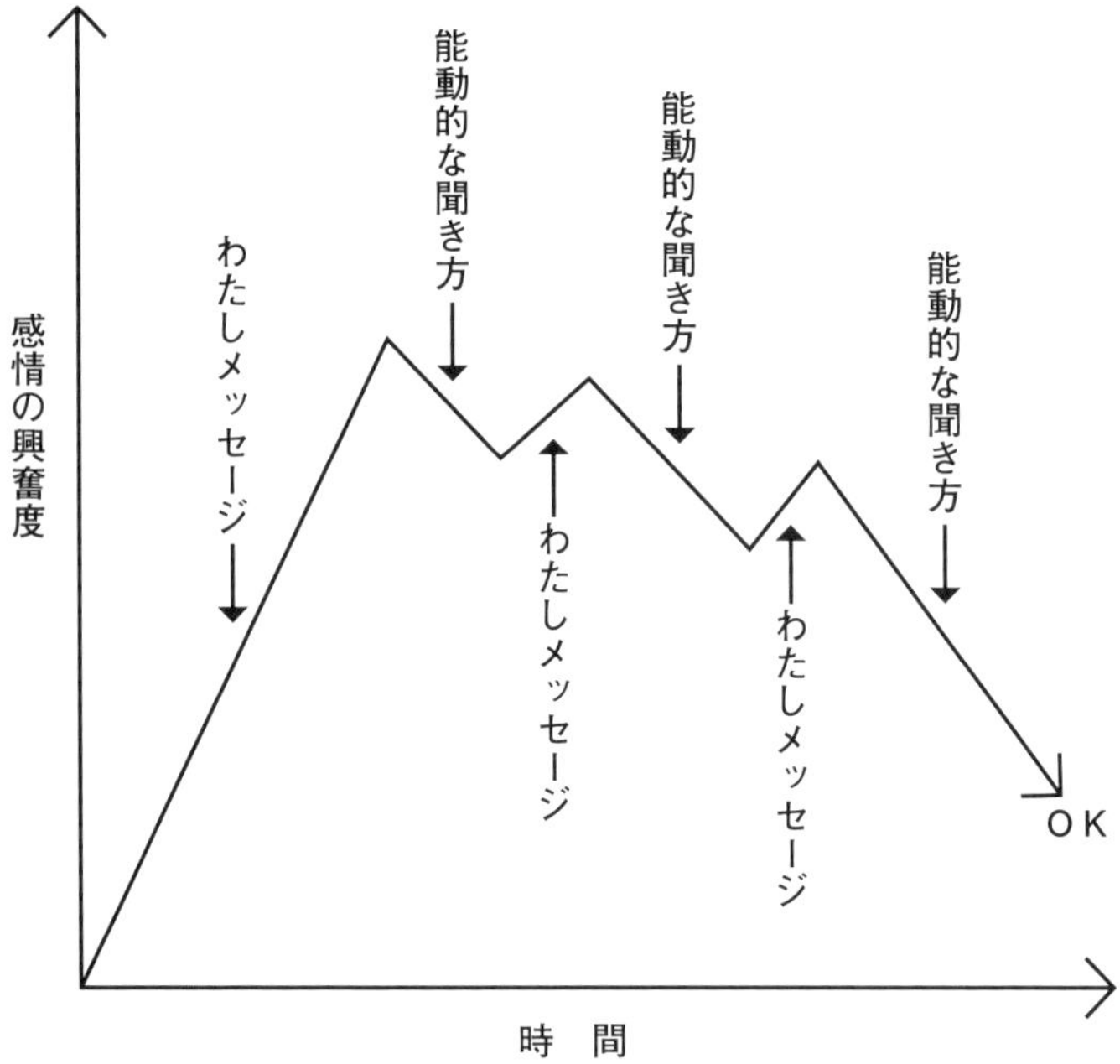
感情の興奮度
わたしメッセージ
能動的な聞き方
わたしメッセージ
能動的な聞き方
わたしメッセージ
能動的な聞き方
OK
時　間

肯定の「わたしメッセージ」

「わたしメッセージ」を使うことによって、そのときどきの感情や思考、偏見や好き嫌い、悲しみやよろこびといったものを、自分が望むときにはいつでも、ほかの人に適切に表現できることがわかってきました。

ほかの人についてではなく、誰よりも近しい自分について語ることで、そうでないときには欠けてしまいがちな肯定的な雰囲気を生みだせるのです。

「わたしメッセージ」は私たちの能力を確実に高めてくれます。自分の思考や感情に基づいて話すことで、相手に肯定的で予防的なメッセージを送ることができ、いつも対決のメッセージばかり送らなくてすみます。肯定の「わたしメッセージ」はまた、「あなたメッセージ」で**賞讃**と呼ばれる評価に、とって代わることもできるのです。

「賞讃」のもつ危険性

賞讃は私たちのなかに深く根ざしており、社会の仕組みのなかにしっかりと組み込まれているので、その危険性についてはあまり考えられていません。しかし、あらゆる「障害になる表現」がそうであるように、これには危険性もあるのです。

誰でもいつでも褒めてほしいと思っていると、当たり前のように思われていますが、それは違います。褒められると居心地が悪かったり、困惑したりすることもよくあるからです。

褒められている人のボディランゲージに注目したことがありますか？　顔を赤らめ、頭を下げたり、足をこすったり、頭をかいたり。それから「そんなことはない」と否定したり、真剣に受けとらないような反応をしませんか？　ときには褒めてくれる相手がどうしてそんなことをするのかと、疑いの目で見たりすることもあります。「一体何が目的なんだ？　何がほしいのだろう？　どういうことなんだ？」と。

「賞讃」は一つの判断（「あなたはいい仕事をした」など）で、判断とは、判断する側にそれだけの専門知識があることを暗に示す行為であり、判断する人の優越性を確立します。

従って、「賞讃」とは、判断する人と判断される人または事柄との間に、不平等があることを意味するのです。

相手を操作するためにこの「賞讃」を使うというのなら話は別ですが、「賞讃」の本来の目的は、相手に対し自らの肯定的な反応を伝えることであるはずです。よろこびや安心感、幸福感といった、肯定的な行動にまつわるさまざまなよい感情を分かちあうことにあります。

そしてこの目的は、賞讃のもつ危険性を伴わずに、肯定の「わたしメッセージ」(「~のとき私はうれしい」「~なので私は感謝したい」)によってこそ果たせるのです。

「わたしメッセージ」で問題を予防する

いろいろなイライラや問題が起こらなくてすむならすばらしいと思いませんか? そしてそれは、十分に可能なことなのです。ある小学校の先生が、教師学講座を修了したあとで、予防の「わたしメッセージ」を使った次のような事例を送って下さいました。

先日学校に着いたら、メールボックスに校長からのメモが入っていました。「まもなく学校集会があるが、自分の担任のクラスを静かにさせておくように」という内容でした。私は六年生の担任ですが、六年生は全校集会が好きで、学校の授業のなかでの数少ない貴重な息抜きぐらいに考えているふしがあります。

そこで私は、予防の「わたしメッセージ」をやってみようと思い、教室に全員が集まったときに言ったんです。

「今日全校集会がある予定だが、心配しているんだ。校長先生から今朝メモをもらって、それが『生徒が大声をあげたり列を乱したりしないように』という脅しみたいな内容だったんだ。どういう罰を校長先生が私に与えるのかわからないけれど、ただおかしなことになるのはイヤだと思っている」

子どもたちはびっくりした様子でただ座っていました。それから一人が、「心配しないで。僕たちちゃんとするから」と言ったのです。みんな頷いて、それからというもの、全校集会では一番礼儀正しく、きちんと行動する集団になって、周りが驚くほどでした。もちろん、この劇的な変化は校長のおかげということになったのですが、予防の「わたしメッセージ」が大きく働いたということを、私は確信しているんです。

目を見張るような結果

誰かがイライラしていたり、うまくいかない一日を過ごしたりしているときに、その話に耳を傾ければ、相手と自分との人間関係は変化していきます。

正確な聞き方に求められる共感と受容は、人と人とを結びつけ、コミュニケーションの障害が打ちたてた障壁を崩していきます。人間的に生きるとは、他者とも十分につながっているということです。私たちはお互いを必要としているのです。人生の荒波が押し寄せてきたときに、自分の話に耳を傾けてくれる同僚、自分をそのままに受け入れる伴侶や家族、彼らのもっている特定のイメージに沿うようにとか、もっとよくなるようにといった要求を押しつけることなく、**ただありのままに受け入れてくれる人**が、私たちには必要なのです。

自分の周囲の人が体験しているイライラやストレスは、聞くことで小さくできますし、実際に小さくなるので、二人の間には「問題なし」の時間が増していきます。自分がイラついたときは「あなたメッセージ」から「わたしメッセージ」に変えることで、二つのことが成し遂げられます。

第一に、**状況を悪くすることなく否定的な感情を表現できます。**第二に、**他者への思**

いやりから、相手の問題になる行動をつつしむようになります。事実、親業や教師学の講座に参加した何百何千もの人が講座のなかできまって語るのは、学習した「わたしメッセージ」で語ると、相手がいかに快く行動を変えるかについての純粋な驚きです。

「能動的な聞き方」と同様、所有権のはっきりした言葉で語ることで、よい人間関係が築かれていきます。これは、私たちが大切にしている二つの価値観――相手に対する信頼と自分に正直であること――を体現しています。時間がたてば、「能動的な聞き方」と「わたしメッセージ」が、それまでコミュニケーションの障害であった十二種類の反応《フィードバック》、それによってもたらされる人間関係の行きづまりのほとんどすべてを排除してしまうことでしょう。

残るのは欲求の対立で、あらゆる人間関係において、一方が欲求を満足させようとする行動が、他方の欲求の満足を妨げるときに生じる困難です。次の章では、こういう状況のなかで、誰も負けることなく自分が勝つにはどうしたらよいかを説明しましょう。

人間関係についての信条《クレド》・その3

あなたの行動が私の欲求を妨げるとき、
私はあなたに
いかに私が影響を受けているかを正直にオープンに告げます。
それは私が非受容と思うあなたの行動を、
あなたが変えようと努力することを信頼してそうするのです。
また、私があなたにとって受け入れられない行動をしたとき、
私はあなたがその行動によっていかに影響されているかを
正直にかつオープンに告げてほしいと願います。
そうすれば、
私が変わる機会が得られるからです。

第5章

対立を解消するとっておきのルール

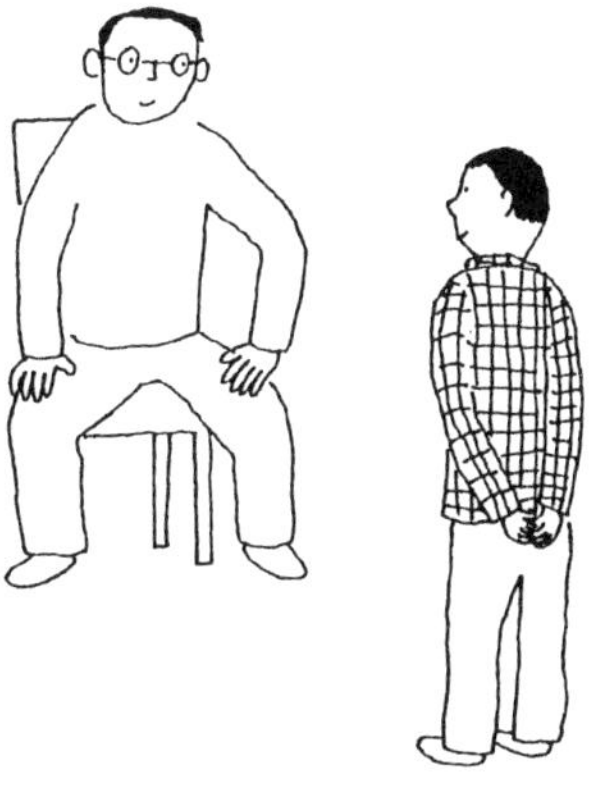

対立は「争い」ではない

よいコミュニケーションから生まれるのは、お互いの人間関係がどれほど率直でオープンなものであっても、対立が皆無にはならないことの認識です。

「自分がどれほど相手を大切にし、思いやりをもち、支援もして、お互いの関係がどれほど絶対的にすばらしいものであっても、対立は起こるのですよ」と、よく講座のなかで口にします。

多くの人がこの事実を、ひどくイヤなことだと考えます。確かに辞書を開いてみても、「対立」の項目には、闘い、論争、敵対すること、相入れない、矛盾、相反すること、衝突……などの、実に気の滅入る言葉が並んでいます。

夕方のテレビニュースを見さえすれば、辞書に記されている対立の定義が、そのまま現実となって映しだされています。いつの時代も、敵対関係や争いが不足しているなどということは決してありません。地球上のいたるところに対立と呼ばれるものが存在しています。

本当に争いに満ちみちた世界でなければならないのでしょうか？　おそらく、映画やテレビドラマ用にはそうでなければならないでしょう。たとえば、『理由なき反抗』の登場人物たちが「わたしメッセージ」で語り、お互いを先入観なしに聞きあい、本章で紹介するプロセスと手続きを踏んでいれば、お互いの対立はたちまち解消し、そこでドラマは終わってしまうからです。

テレビドラマに出てくる登場人物の住む世界は、争いや敵意、裏切り、対立に満ちています。それは確かに、視聴者を飽きさせないものではあるかもしれませんが、質の高い人間関係がいかなる姿かたちをし、いかなる言葉を口にするかの模範とするには、あまりにも不適切な例と言えましょう。

地球上には、うまくいく人間関係の模範がたくさん存在するのですが、そういうのはふつうテレビでは見られません。それはすなわち、**正直さ、オープンであること、思いやり、愛情、民主的な関係**といった特徴のある関係です。

対立は「問題」であり、解決できる

「民主的」という単語については、長い間ちゅうちょがあり、健康な人間関係の特徴を表わすのに、ほかにいい言葉はないかとずっと探してきました。きっと「民主的」という言葉のままでよいのだと思うのですが、誰もがこの言葉を政治と結びつけてとらえがちです。でも、そういう意味でこの言葉を使っているわけではありません。

本書で「民主主義」と言い、民主的な慣行とか方法と言う場合に、どういう意味で使っているのかに留意して下さい。お互いが接するとき、特に人間関係がおかしくなったときに、公平で満足のいく人間関係づくりの方法を意味するのです。

対立を「争い」と定義すると、間違います。争いには、勝つか負けるかしかありません。対立に対しても、ほとんどの人はまったく同じに対応します。ときには勝ち、ときには負けを経験し、そこで求められる戦略は、負けを最小に抑える方法です。

しかしながら、対立を「問題」として定義すれば、扱い方がちがってきます。問題は解決できるのですから。

対立を解決するための6つのステップ

二十世紀のはじめに、著名な哲学者であり教育者であるジョン・デューイは、人間がいかに問題を解決するかに興味をもち、人間観察を行いました。そして、問題の性質が何であれ、その解決に使われるプロセスはいつも同じであることに気がついたのです。まず初めに、問題を解決できそうないくつかの解決案を考えつきます。次に、それらの解決案を評価し、そのなかから一つを選んで実行してみるのです。それがうまくいけば、それで問題解決です。うまくいかなければ元に戻り、別の案を試します。

デューイはこのプロセスは自然なものだと考えました。すなわち、人間の発達段階の非常に早い時期にこのプロセスが学習されたので、成長してからはまるで当たり前のことのように使えるのではないかと推測したのです。

多くの人間関係のなかにある対立を問題として捉えると、全員の欲求を満たす創造的な解決策を見つけるのに、この自然な問題解決プロセスを使うことができます。こうすると、誰も敗者にはなりません。**勝負なし法**の提案です。

長い間私は、デューイのこの問題解決のプロセスを、対立を解くのに最善の方法として採用することを提案しつづけてきました。私が提案しているのは六段階にわたるもので、実は多くの人が、何らかの形でこれをすでに使っていると言われています。

対立の解決：第1段階

現にいま対立があり、相手が**勝負なし法**を知らない場合には、説明する必要があります。いわば売りこみのような感じです。一例としてこんなふうにできます。

「いま、お互いの間にある問題を解決するのには三通りの方法があります。一つは、私が解決策を考え、あなたがどう思おうと、その解決策をあなたに押しつけようとするもの。もう一つは逆に、あなたが考えた解決策を私に押しつけようとするものです。どちらであっても、誰かが押しつけられるわけです。あるいは、『私はこんなことを大げさに言いたてるのはイヤだ』ということで、問題が消えてしまうのを願うこともできるでしょう。

私があなたに、私の考えを好きにならせることができないのは、あなたの考えを、私に好きにならせることができないのと同じだし、問題を無視すれば問題がなくなるというものでもありません。

私はここで、この三つとは違う、お互いが勝つことのできる、新しい方法をやってみたいと思うのです。そのことについて聞く気持ちがありますか？」

もし、相手の答えが「はい」であれば、第一段階に進んでいけばよいのです。

【第1段階】問題を定義するのに、満足されていない欲求は何かという観点で行う

これだけでも、いままでとは劇的な違いが生じてきます。ふつうは対立の結果を、勝ち負けという枠組み、これかあれかの枠組みで考えます。

たとえば、車についての対立を考えてみましょう。自分の欲求は、夜の講座に参加するために車で出かけることです。配偶者《パートナー》の方は、仕事上の会合に行くのに車が必要です。となると、自分が車を使うか、相手が使うかのいずれでしかないと、そういうことになりませんか？

大部分とは言えないかもしれませんが、多くの人が**これかあれか、勝つか負けるか、**

どちらがエライかといった、解決策について競争するような物の見方をしがちです。

実際には、二人のどちらにも、車は**必要でない**かもしれないのです。確かに車の使用は一つの解決策ではあります。それによって欲求を満足できます。自分は講座に参加したい欲求があり、配偶者は会合に出席する欲求があるからです。このように考えてくると、この二人の欲求を同時に満足させる方法は、十五や二十は簡単に出てくるのではないでしょうか。なかには、車は家に置いたままでよいという解決策もあることでしょう。

私たちに共通する5つの欲求

一九五〇年代に、当時新進の心理学者であったアブラハム・マズロウは、人間の病理の研究をするのではなく、人間がどうしたら健康で生産的になれるかに興味をもち、成功した人々――たとえばルース・ベネディクト、アルバート・シュバイツァー、ウィンストン・チャーチル、エレノア・ルーズベルトといった、人生を十分に生ききったと思われる人々の研究をしました。

そして、彼らには共通のものがたくさんあることに気がついたのです。

まず第一に、彼らは自分の生存や生活のことを心配する必要はありませんでした。友人も多く、愛情豊かなサポートをしあう人間関係も豊かでした。

　さらには、価値のある人生を肯定できるに足るキャリアを有し、通常の意識を越えるような、さまざまな「至高体験」も頻繁に味わっていました。

　このことから、マズロウは、研究対象となった人がみな同じ欲求をもっていることを知りました。そして、成功した人たちに限らず、誰もがそうであることにも気がついたのです。マズロウは、人間の欲求を階層別にまとめました。

　最も基本的なのは、**生存の欲求**（食糧、衣服、雨露をしのぐ住居など）で、次に来るのが**安全の欲求**——単なるその場限りの生存を越えて、明日に向かって生き残るという感覚です。

　そしてマズロウによると、この二つの低位の欲求が満足されて初めて、人間関係や帰属の欲求が意識化されるというのです。これは、**社会性、親和の欲求**と呼ばれます。

　よい人間関係が結ばれ、愛情の授受ができ、集団のなかで仕事をし、遊べるようになると、第四番目の欲求が意識化されます。これは、**自分の達成によってほかと区別され、他者への貢献をし、自分自身の定義をしたいという欲求**です。

マズロウの「欲求」のピラミッド

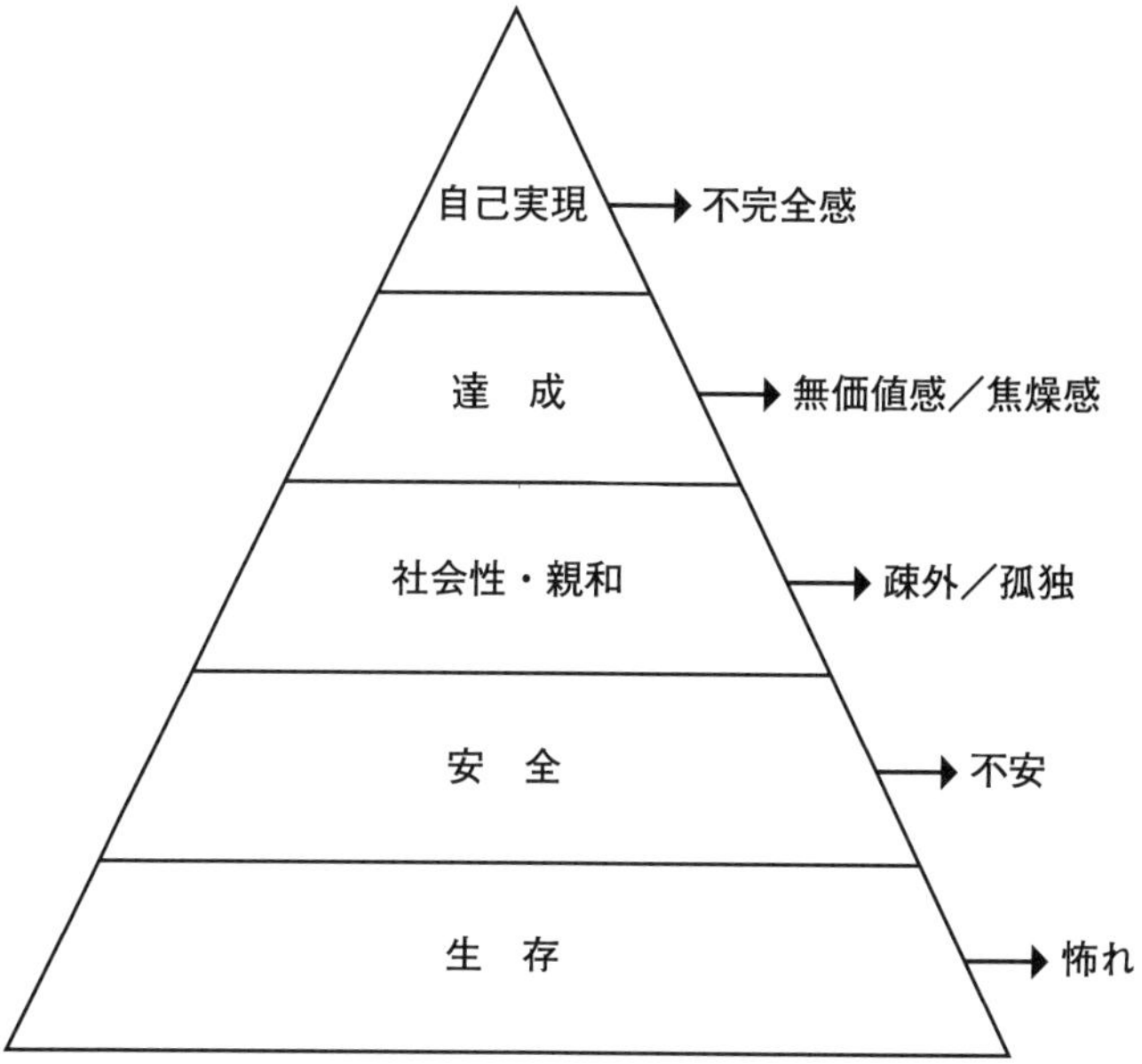

そして最後に、ピラミッドの頂点に来るのが、マズロウが自己実現と名づけた欲求で、**自分の能力を開花させ、志を実現し、自分らしい自分になっていくという欲求**です。

マズロウは、人間が欲求の満足を得られないときの体験に興味をもちました。たとえば、一番低位の生存の欲求が満足されないとき、最もよく体験されるのは恐れです。第二段階の安全の欲求が満たされないときは、不安が強く体験されます。

欲求が満たされないときの「変な」行動

このヒエラルキーをここに紹介したのは、欲求と解決策とを区別するのに役立ててほしいと思ったからです。

たとえば、アップルパイは必要でないが、食糧は必要です。車のポルシェは必要でないが、輸送手段は必要です。マズロウのこの説で、解決策の根底にあるものに焦点を合わせやすくなります。

多くの「変な」行動は、ある欲求を満足させようとする試みであることが多いものです。

ある若い女性で、エレクトロニクス企業の重役職にある人が、ビジネス・リーダーのための人間関係講座の最終日にこんな例を語ったことがあります。ある日突然、夫がいつになく無口で引きこもりがちになり、彼女はそれをイヤだと感じるのと同時に、どうしたのかと不思議にも思いました。夫のこのおかしな行動と対決することを決心し、邪魔の入らない時間を選びました。

そして、まず、夫の最近の行動について語り、それが彼女にとっていかにイヤなものであるかを夫に伝えました。

「私は、マイケルが浮気をしているか、あるいは私の方が収入が多くなってきていたことですっかり気落ちしているか、絶対そのどちらかだと思っていました。私はその自分の考えにとらわれていたので、彼の言うことが耳に入らずにいたのです。

でも彼が、私はどこか遠くにいる領主のような存在で、最近全然傍にいない、と言ったのが聞こえました。その後は実に簡単でした。私たちは、お互いにもっといっしょにいる時間がほしかっただけなのです。

それから時間を作るようにしました。マイケルが言ったんですけど、『僕たちにもほかの人と同じだけの時間しかないんだ。だから、その時間を二人がどう使いたいか、ということなんだ』というわけなんですよね。

もしかしたら浮気じゃないか、と心配していたら、彼が求めていたのが、私ともっといっしょにいることだとわかって、本当にホッとしました」

私たちのほとんどは悪い人ではありません。欲求を満たしたい——ほしがるものがあって、欲求を満たそうと何かをするときに、おかしな、ときには自己否定的な行動すらしてしまうことがあるだけです。

欲求が満たされないときの体験を心に留めておくと役立ちます。どの人の、どの欲求が満たされていないかのヒントが得られるでしょう。

対立の解決：第2～3段階

対立のなかには「わかりやすい対立」もあり、すぐに解決してしまうものがあります。なかには時間がかかり、単純でないものもあります。

対立を解決する際のコツの一つは、関係者の数が多い場合に、黒板、メモ用紙など、アイデアを記録するものがあると、全員が見られるのでやりやすくなります。

満たされていない欲求が何であるかがわかれば、もう半分は終わったようなものです。経済的には恵まれているある夫婦の対立では、問題解決にかかった時間の半分以上が、夫の欲求が何であるかを明確にするのに使われたという例もあります。

【第2段階】欲求がはっきりわかったところで、ブレイン・ストーミングで、できる限りたくさんの解決案を考えだす

人数が多いときには、時間を限って行うのが有効です。一対一のとき、たとえば友人一人とか、パートナーを相手とするときには、時間の制約はいらないでしょう。ブレイン・ストーミングの成功の鍵は、批判や評価を避けることです。評価されることほど、創造性を抑制するものはないとすら言えますが、この段階で必要なのは、まさにその創造性なのです。たとえば、次のクイズを解くのに似ています。

九つの点があります。問題は、「この九つの点全部を、ひと筆書きの四本の線で結んで下さい」です。答えは教えませんが、もしこの九つの点を、四角や箱のように見ていると、この問題は解けません。箱の外に出ていかないといけないのです。

同じことがブレイン・ストーミングについても言えます。箱の外に出て、物事を新しい、自分なりの独特の視点で見ていかなければなりません。そうすれば、明確になった自分の欲求を満たす、あらゆる可能性を解決案として提起できるはずです。

× × ×
× × ×
× × ×

案は多ければ多いほどいいのです。すべてがすばらしいアイデアではないでしょうが、それについては第三段階で考えます。あらゆる、可能な解決案が出尽くせば、そろそろ第三段階に行くときと言えます。

【第3段階】解決案を評価する

ときには誰かが「これぞ解決策」という案を出すことがあります。提案があった途端、誰もが「あ、それがいい。それで解決」というようなアイデアです。しかし誰もがすぐに「これだ!」という案を見つけられるわけではありません。そこで、第二段階で出た案をみんなで評価するのです。

家族とか職場のように、三人以上が関わるときには、どんな案であれ一人でも反対があったら、それは捨てます。提案されたものを全部評価し、好ましくないものは捨て、残りのアイデアが一つあるいはそれ以上あるのであれば、第四段階に進みます。

対立の解決:第4〜6段階

【第4段階】解決案の決定

投票はしません。投票では勝者(多数派)と敗者(少数派)ができ、敗者が何をするとになるかはわかっていますね。これまでのすべてのプロセスを無効にするような働きかけをしてしまうのです。

ですから、何かやってみたいと思うような解決案はないかと、お互いが確認します。自分の欲求を満たすのに、「これでなければ！」というような激しい熱意がある必要はありません。「やってみようかな」と感じる程度でいいのです。

もし全員がそう思えるものがあれば、全員が合意に達したと言えます。もしこの第四段階の解決案についても合意がなければ、第一段階に戻って、問題の再定義をするか、第二段階に戻って、さらに新しい解決案を出すことになります。

【第5段階】計画、実行、契約

誰が・何を・いつまでに行うかを決めます。要するにこれは**契約**であり、そのように取り扱うことができます。

それは書式にし、関係者が署名をして、各人がそのコピーをもつことができます。もちろん、一対一の簡単な対立についての解決は、正式な契約を必要とするものではありませんが、それでも、**誰が何をいつするか**について明確にすることは大切です。

【第6段階】再評価、調べ直し

ときには、どんな解決案が実行されたにせよ、それがうまくいっていることが明白で、あらためて結果の評価が必要でないこともあります。

しかし、家族や職場での複雑な対立の場合、関係者全員の欲求が満足されているか否か、きちんと調べ直す時間を設けるのはよいアイデアです。

もし仮に、うまくいっていないとしても、それはグループとしての失敗ではなく、**解決案がうまくいかなかっただけ**なのです。

不適切な解決案を追いだし、ほかのを採用するか、またははじめからやり直せばいいのです。

身体的および精神的な健康、またお互いの関係の健全さという点でも、勝つことをあてにできることはきわめて重要です。六段階での問題解決の過程は、誰も負けないことを保証しています。

単純なプロセスでありながら、あらゆる対立に応用できる汎用性《はんようせい》があります。しかも、果てしのない監視が不必要なので、指示を与える従来のプロセスに比べて、時間もエネルギーも大幅に節約できるのです。

この六段階のプロセスが、なぜもっと広く使われないのだろうという疑問がよく出されます。その理由は、この方法がより正確な「聞く」能力と「わたしメッセージ」の能力とに大きく依存しているからです。

いまなお、世界的な「聞く」能力のレベルは、恐ろしく低い水準にしかありません。「わたしメッセージ」についても、腹立ちや欲求の不満足を語る方法としては、ほとんど誰もそれを耳にしたことがないというようなレベルです。

有効な道具なしでは、せっかくの六段階のプロセスも絵にかいた餅《もち》にすぎません。そのために、莫大な代価を支払っているのが現実です。それは単にお金という形の支払いだけではありません。本当の代価は、壊された生活、失われた生命、悲惨のなかに過ごす生活なのです。

ゴードンの人間関係モデル（2）

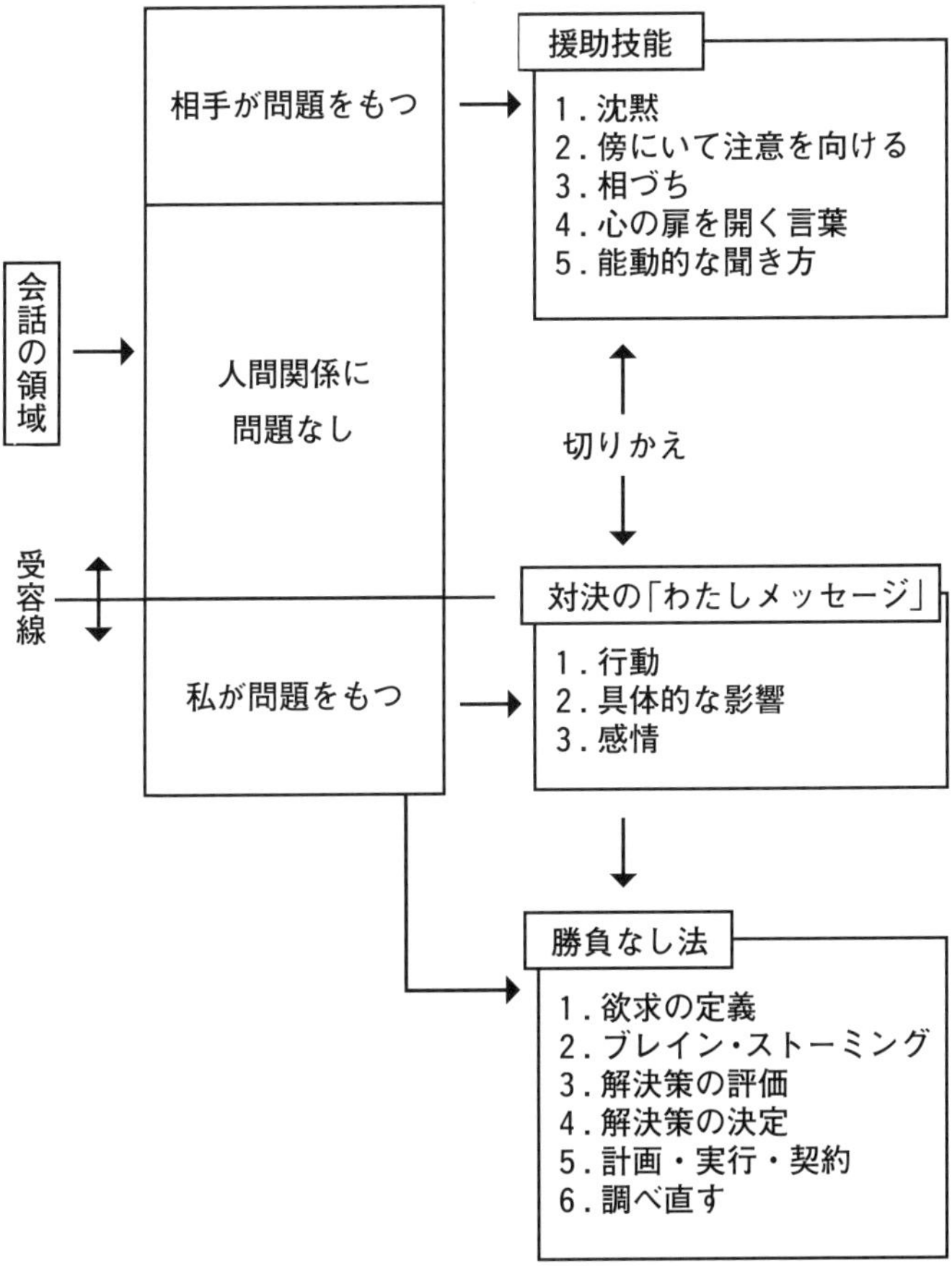
相手が問題をもつ
人間関係に
問題なし
私が問題をもつ
会話の領域
受容線
援助技能
1．沈黙
2．傍にいて注意を向ける
3．相づち
4．心の扉を開く言葉
5．能動的な聞き方
切りかえ
対決の「わたしメッセージ」
1．行動
2．具体的な影響
3．感情
勝負なし法
1．欲求の定義
2．ブレイン・ストーミング
3．解決策の評価
4．解決策の決定
5．計画・実行・契約
6．調べ直す

人間関係についての信条《クレド》・その4

対立があるときに
一方が相手の犠牲の上に勝とうとすることなく
その対立の一つ一つを解消することを約束しましょう。
私は、あなたがあなたの欲求を満足させる権利を尊重しますし、
同時に、私自身についてのその権利も尊重します。
だから、私たち双方に受け入れられる解決策を
いつも探すことにしましょう。
あなたの欲求は満たされ、
私のもまた満たされるでしょう。
どちらも負けません。
両方が勝つのです。

第6章

価値観とのつきあい方

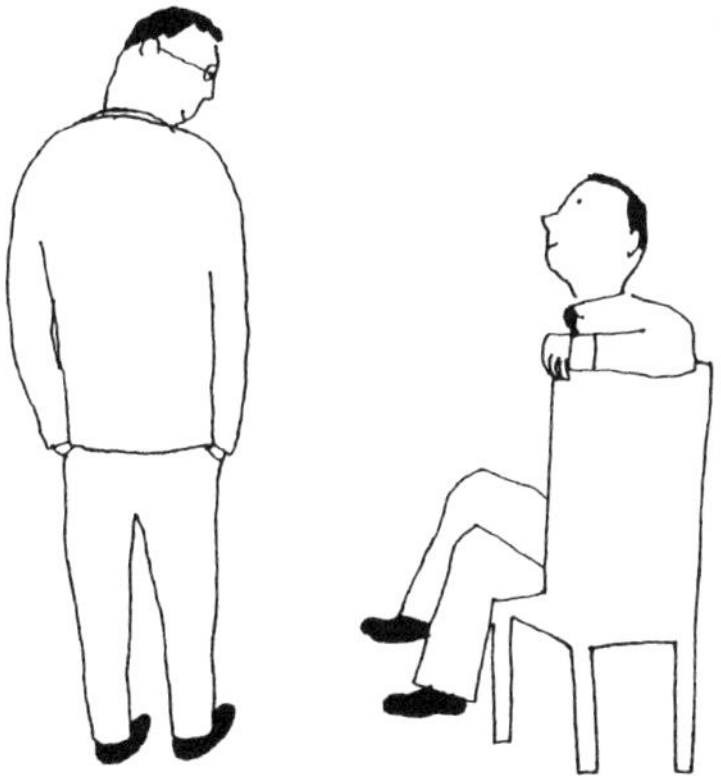

価値観の対立をどう扱うか

ウェブスターのニューワールド辞典によると、価値観とは、「**それであるが故に尊重に値し、望ましいもの。本質的価値のある質の高いもの**」です。

価値観とは、人が「よい」「正しい」といった概念を割りあてる性質のあるもので、私たちは実は、ほとんど全員が同じ基本的な価値観を共有しています。お互いの違いは、主に優先順位の違いに過ぎないのです。

しかし、にもかかわらず、価値観の違いから、家族が別れ、友情が壊れ、人と人とが離れていくのです。私たち個々人の価値観に、もっと効果的に対応するには、いったいどうしたらいいのでしょうか?

喫煙をめぐる価値観の対立

欲求の対立と価値観の対立の決定的な違いは、欲求の対立の場合には、ある行動が具体的で目に見える影響を相手に与えますが、価値観の対立の場合にはそれがない、ということです。たとえば、あなたの弟がタバコを喫いはじめた、としましょう。弟と対決するのに、「わたしメッセージ」を使うと、どういうことになるでしょう?

「お前がタバコを喫うと、お前が健康を害するのではないかと心配だ。なぜなら……」

なぜなら、何ですか? 傍で彼のタバコの煙を吸わなくてよければ、弟の喫煙にあなたへのどんな「具体的な」影響があるというのでしょう?

答えは、「ない」です。だからといって、喫煙がイヤでなくなる、というわけではありません。

弟の健康が侵される心配はあきらかにあり、それを防ぐためにあらゆることをしようという思いに変わりはありません。ただ、それは「弟の」健康なのであって、あなたのではないのです。

唯一できることは、自分の意見や感情を、できる限り素直に表現することです。

それには、(1)相手の行動を非難がましくなく表現し、(2)それについての自分の感情を述べる、**二部構成の「わたしメッセージ」**が使えます。

「君がタバコを喫っていると、体がどんどん悪くなっていくのではないかと心配になってしまうよ」

といった言葉です。

それでも弟は喫煙をやめないかもしれません。タバコはヘロインと同じように嗜癖性《しへきせい》があるからです。しかし、やめるかもしれません。あなたが心配していることがわかることで、やめる気になるかもしれないのです。やってみなければわかりません。

目に見える影響がないとき

別の例を考えてみましょう。たとえば、あなたに十四歳の弟がいて、あなたが彼の面倒を見る立場にいるとしましょう。

この場合、弟が喫煙することは、あなたにとって目に見える具体的な影響があるでしょうか？　しかも弟自身、その影響があなたにあるとわかり、納得できるような影響が。もしそうであれば、この場合には、**勝負なし法による対立の解決**ができます。しかし、そんな影響が本当にあるのでしょうか？

多くの人が、「そういうとき私なら、弟に対し『煙草はやめなさい』と言います。それでおしまいですよ」と得意気に言うのを、これまで何度も私は耳にしてきました。それでうまくいくと思いますか？

コミュニケーションの障害となる十二種類のフィードバックの第一番目は、**命令・指示**で、価値観の違いのあるときには多分、そのほかの反応《フィードバック》に比べても、相手を変える効果が一番低いものではないかと思われます。

もし、相手のしていることが、あきらかに具体的な悪い影響をあなたに与えていて、あなたが何らかの形で傷つくことがあれば、相手がたとえそれをイヤだと思っても、なぜあなたがうるさく言うのかは理解できます。

私は、子どもたちが、言葉の暴力や身体的な暴力にあっても、「自分がそうさせたから」と言って相手を許すところを何度も目にしてきました。しかし、価値観の対立において、あなたのどこに影響があるのでしょうか。どういう代価をあなたは支払っているというのでしょうか。どのような状況においても、行動を直《ただ》すのに罰をもってするのはおすすめできません。価値観の対立においてはなおさらです。

弟の年齢が違えば、彼に対する接し方も違ってくるのでしょうか？　同じ人が同じ行動をしても、その年齢によって周りの態度が違ってくることに気がつくと、多くの人が驚きます。講座のなかで、ある男性がこんな感想を口にしました。

「弟が大人であれば無理強いしないのに、子どもであれば罰するというのは、おかしいと思うんですよ。なぜそうするんでしょう？　まるで『力こそ正義』という感じですが、みんなそう思っているんですかね？」

残念ながら、彼の危惧《きぐ》には実際的な裏づけがあります。彼の洞察は、力をもつ人が勝手にその力を行使する現実を、ただあるがままに描写しただけなのですから。

力と影響との関係を示す図がこれです。

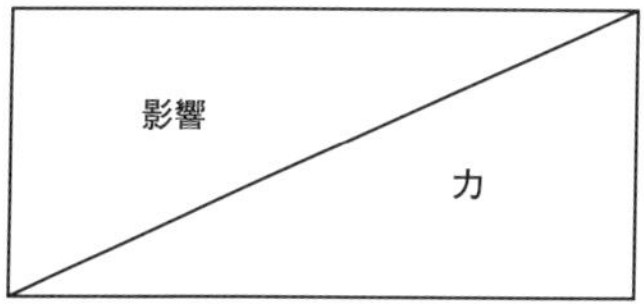

たとえ数学者でなくても、この二者が反比例していることはおわかりいただけるでしょう。強制力が使われれば使われるほど、影響力は逆に小さくなります。

私はよくこういう質問をしました。

「力と影響のうち、両方は手に入らないとしたら、どちらがほしいですか？」

たいてい選ばれるのは影響です。ある人がこんなふうに言ったことがあります。

「私のほしい力は、影響を及ぼす力です」

そのほかの種類の力は、時間もエネルギーもかかりすぎてしまうと言うのです。私もそう思います。

コンサルタントになるということ

影響力があれば、二部構成の「わたしメッセージ」も効を奏するでしょう。すなわち、脅しや決めつけなしに対決すれば、相手は、「あなたを尊重し大切に思うから」という理由で、行動を変化させることでしょう。

コンサルティングの4つのルール

自分の影響力を増すためにできることはほかにもあります。たとえば、自分のもっている専門知識や情報を、それを必要とする人に提供することで生計を立てている人たちがたくさんいます。

コンサルタントと呼ばれる人たちです。この人たちのしていることを、自分の人間関係――配偶者、友人、家族、仕事の同僚など――に対してしてみたいと思うこともあるでしょう。しかしながら、コンサルティングをするのにもルールがあって、そこからはずれると、もちえたかもしれない影響力ももてなくなってしまいます。

【第1のルール】まず雇われること

お金を払ってもらうという意味ではありません。あなたが影響を及ぼしたいと思う相手に、**心理的に雇われる**ということです。コンサルタントも宣伝をします。ベストを尽くして雇われる努力をし、自分のサービスを「売る」努力をします。あなたにもそれができるはずです。あなたのサービスを相手が求めたくなるように、必要なことをしましょう。ただ、自分のもっている情報や専門知識は、相手が「あなたを雇います」というメッセージ（たとえば、「どうぞ知っていることを話して」と言う）を出すまでは、決して相手に示さないことです。

【第2のルール】相手のもっていない情報やデータをもつこと

このルールについては、コンサルタントの間でよく言われるジョークがあります。

ある会社で機械のトラブルがあり、専門家に来てもらって直すことになりました。コンサルタントがやってきて機械を調べ、道具箱から金づちを出して、その機械を叩きました。それで機械は動きはじめ、そのままずっと動きつづけたのです。コンサルタントは、一万と十ドルのコンサルタント料を請求してきました。会社の社長が、「これは何だ？　機械を金づちで叩くなんて誰だってできることじゃないか！」と怒りもあらわに抗議すると、コンサルタントは、

「そうです。請求の十ドル分はそれに当たります。あとの一万ドルは、どこを叩いたらいいいかの判断に対してです」

と言ったのです。

どこを叩くべきか、知らなければなりません。依頼者《クライアント》が、それがどこなのかをすでに知っているのであれば、あなたはそもそも必要とされないのです。

【第3のルール】専門知識を相手に伝えるのは一度だけ

再度コンサルタントをしたければ、もう一度あらためて雇われることです。親、教師、

上司、友人、配偶者といった人たちは、自分の依頼者《クライアント》が以前に聞かされてすでにわかっていることについて、善意からいつまでもコンサルタント活動をしてしまいがちです。挙げ句の果てにはうるさがられて、コンサルタントとしてはクビになってしまうのです。夫も妻もクビになります。教師も上司も、です。

【第4のルール】コンサルティングした内容を実行するか否かは相手に任せること

あなたの提供した情報やデータについて依頼者《クライアント》がどうするかは、あくまで依頼者《クライアント》の自由です。再び雇われたのでない限りは、コンサルタントとしては接しません。コンサルタントにとって大切なのは影響力です。コンサルタントは力をもっていません。その活動の性格上、依頼者《クライアント》に対して影響を与えられるのは、「どこを叩いたらいいかを知っている」ことだけです。

人間の価値観や信条は、石に彫りつけられているわけではありません。知識や事実関係の情報をもち、経験豊かで有能でもある人は、価値観を変えることができます。影響を与えることができる人というのは、こういう特徴をもっているのです。

いままでの人生を振りかえってみましょう。あなたに最も大きな影響を与えたのは誰ですか？　彼らから学びたいとか、彼らのようになりたいとかあなたが思うような、どんなことを彼らは行い、言いましたか？　あるいは、どんなことを行わず、言いませんでしたか？　あなたに影響を与えた人は、前記のような特徴をもっていたのではありませんか？

それでは、あなたに影響を及ぼそうとしたけれど、そういう結果にいたらなかった人について思い出してみましょう。誰ですか？　あなたが、その人たちから学びたくないと思ったのは、その人たちのどんな言動があったからですか。あるいは、どんな言動がなかったからですか？　前記のような影響力をもつ人としての特徴が示されなかったからではありませんか？

異なる価値観を受容するために

相手に何かを教えるときに最も強力な道具は、モデルになることです。言葉で教える——講義する——のは、効果の低い方に入ります。

相手の価値観に本当に影響を及ぼしたいのであれば、説かずにそれを生きなさい。時間に遅れないことを大切に思うなら、自分が遅れないことです。勤勉を大切に思うなら、よく働きましょう。民主主義に価値を置くなら、民主的であることです。

私がカウンセリングをしていた時に、ある青年が「覚醒剤がいかに悪いかを説いていた親が、話しながら、アルコールでカクテルを作ってたんだ」ということを話して、いかにも愛想が尽きたといった表情をしたのを、いまでもはっきり覚えています。

人間は、自分が尊敬できる人の行動を取りいれる傾向にあります。子どもは親を、部下は上司を観察し、友人はお互いのよいと思う行動を真似し、長年のうちには夫婦の価値観はだんだん似通ってきます。しかしながら、いかに模範を示したとしても、あなたの価値観が相手に必ず取りいれられるとの保証はありません。

価値観は時代とともに変化します。あるいは、時間とともに優先順位を変えられていく、と言う方がいいかもしれません。たとえば五十年前であれば、ほとんどの業界で、一度会社に入れば退職するまで勤めるつもりでいました。労使ともに、忠誠を高く評価したのです。ところが今日、五〜六回の転職はふつうで、会社は利益が上がらないからと、一度に何百人もリストラしています。忠誠心よりも柔軟性が尊ばれる世の中になってきているのです。

価値観の変化と自分を変える勇気

現代人は、自分の価値観を再検討してみなければなりません。自分は何に価値を置いているのでしょうか？　それはどこからきたのでしょう？

先日目にした記事に、米国の中間管理層が解雇される第一の原因が書かれていました。何だと思いますか？　時代とともに変化する能力の欠如です。解雇されるにいたった管理者は、権威主義の色が薄まり民主化されてきている組織のなかで、「私のやり方か、さもなくば会社を辞めるか」といった、昔ながらの価値観に基づいて仕事をしようとしたのです。古めかしい価値体系に足をすくわれていると、自尊の感情や周囲との人間関係が損なわれるだけでなく、生計すら立たなくなりかねません。自分が変わる必要があるかもしれないのです。そして、変わるにはふつう、**勇気**が要ります。

辞書で「勇気」の意味を探すと、二つのまったく異なった定義が載っています。第一は、危険に直面したときの勇敢さです。第二は、あらゆる状況のなかで、正しいことをするということです。人生にはときには勇敢さが必要ですが、ほとんどいつも要求されるのは、正しい行動の方です。ときには、「えっ、一体何が正しい行動なんだ？　何が正しいか、どうやったらわかるのだろうか？」と問いかけたくなることがあるでしょう。そしてその答えは、いつも与えられるとは限らないのです。

人は常に自分に静かな声で囁きかける良心をもっています。たとえば、この文章を読みながら「どの小さな声なんだ？　気がちがってないか？」と、いま言っているかもしれません。それです。**その声**です。注意して、耳を傾けてみてください。自分の良心が正しい行動を知っています。

価値観の問題を取り扱うのに役に立つお祈りがあります。

変えられるものを変える勇気と
変えられないものを受け入れる心の平穏と
そして、変えられるものと変えられないものを見わける叡智を
　授けたまえ

すべての人がこの祈りの言葉を実行する世界を想像してみましょう。どんな世界になるでしょうか。ストレスは大きく下がり、悔いることに使われるエネルギーは大幅に減り、ほとんどのことに合意が生まれると私は思います。

以前出版した本のなかで、私は次のように書いています。

「自分とは異なる価値を選んだ誰かを愛しつづける能力は、一体どこから来るのでしょうか？　私とは意見の異なる人もあるかもしれませんが、私は、お互いの関係が真に民主的な社会を築きたいのであれば、受容こそが、人間が身につけねばならない態度であると強く信じるものです。それにより、他者が自由になるだけでなく、自分もまた自由になるのです」

講座に出席したある女性が、その最終日に述べた感想に、このことがよく示されてい

ます。

「受容すると、判断から解放され、判断から解放されると、いままで想像もできなかったほど自由になれるのです」

私たちは一貫して、一貫していない

次のページの図を見て下さい。行動の四角形に二つの項目が追加されています。左側には、受容と非受容の行動を分ける線に影響を与える、三つの要因が記されています。人によっては、もともとこの受容線がごく低いところにある人がいます。すなわち、ほとんどの人や行動を受容し、あまりイライラすることもなく、自分や他者と心地よくつきあえる人たちです。

反対の人もいます。人間や物事に対し、一般的に非受容の傾向をもつ人です。簡単にイライラし、彼らの言う「高い基準」で判断するので、機嫌よくなりにくいのです。彼らの受容線は高いところにあります。それ以外の多くの受容人の線は、その中間あたりにあるでしょう。

しかし、どれほど受容線が低いところにある人であっても、常に変わりなく受容しつ

ゴードンの人間関係モデル（3）・完成型

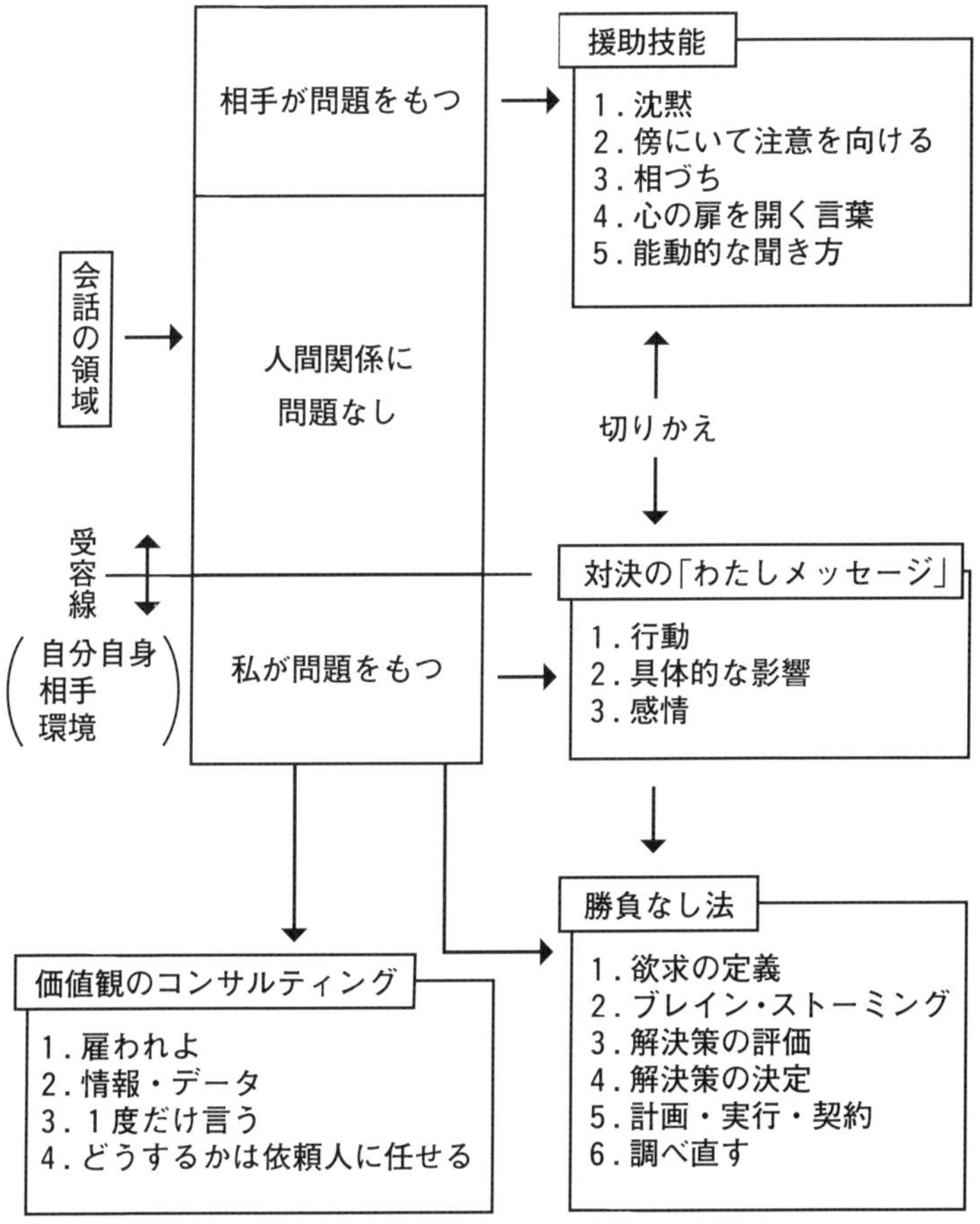
相手が問題をもつ
援助技能
1．沈黙
2．傍にいて注意を向ける
3．相づち
4．心の扉を開く言葉
5．能動的な聞き方
会話の領域
人間関係に問題なし
切りかえ
受容線
自分自身
相手
環境
私が問題をもつ
対決の「わたしメッセージ」
1．行動
2．具体的な影響
3．感情
勝負なし法
1．欲求の定義
2．ブレイン・ストーミング
3．解決策の評価
4．解決策の決定
5．計画・実行・契約
6．調べ直す
価値観のコンサルティング
1．雇われよ
2．情報・データ
3．1度だけ言う
4．どうするかは依頼人に任せる

づけることはありません。聖人ですら限度があると、私は思うのです。同様に、どれほど受容線が高いところにある人であっても、常に変わらず非受容ばかりということはありません。

私が言いたいのは、受容線は動くということ、そして、「私が問題をもつ領域」は、三つの要因を関数として、広くなったり狭くなったりするということです。

第一の要因は、**自分自身**です。そのときどきに自分がどう感じているか、自分の人生がどんなふうに進んでいるか、自分がどれほど受容的であるか、です。

第二の要因は**相手**で、これについては、私たちの偏見や好みが出てくるところです。自分と異なる人よりも、自分に似ている人を受容する傾向があると気づかされたり、あるいは、やせた人より太った人を、大声でしゃべる人よりも静かな人を、背が高い人よりも低い人を好む、といった傾向に気づくかもしれません。いずれにしろ、私たちはあらゆる人を同じように受容するわけではないのです。

第三の要因は、**環境**です。二人の人が映画の最中にしゃべりつづけることには非受容でも、待ち時間にロビーでそうしているのであれば、何時間でもどうぞ、と思えます。

要するに、誰もが完全に受容的であるとか、完全に非受容的であるということはない、ということを言いたいのです。そのとき、その状況、その場所によって、人は変わるのです。一貫していないのです。

私が学んだある教授が言ったように、「**私たちは、一貫して、一貫していない**」のです。自分が受容していないことを受容するふりをするのは無駄なことですし、自分が好ましいと思っているのに非受容のふりをするのも馬鹿げています。

私たちにできるのは、**一貫して自分の感情に正直でいる**ことだけです。これは、自己開示の言語である「わたしメッセージ」の有意義な用途の一つと言えます。

自己開示をし、自分に正直であり、ふりをしないでいると、人間関係を築き維持するのが非常にラクになります。なぜなら、「そういう人間でなければならない」と自分が思い描くような人ではなく、本当のありのままの自分でいられるからです。

もう一つ、四角形に追加してあるのは、図の一番下にあるもので、「価値観のコンサルティング」と書いてあり、効果的なコンサルティングのための四つのルールを示しています。

これで行動の四角形は完全で、私の考える人間関係モデルの全体像を示しています。

人間関係についての信条《クレド》・その5

したがって
私たちの関係は健康な関係で、
お互いが
なることができるものになる努力ができ、
お互いに対する尊敬と愛と平和とともに
いつまでも親しくつきあいつづけられるのです。

第7章
おさらいを兼ねた実践篇

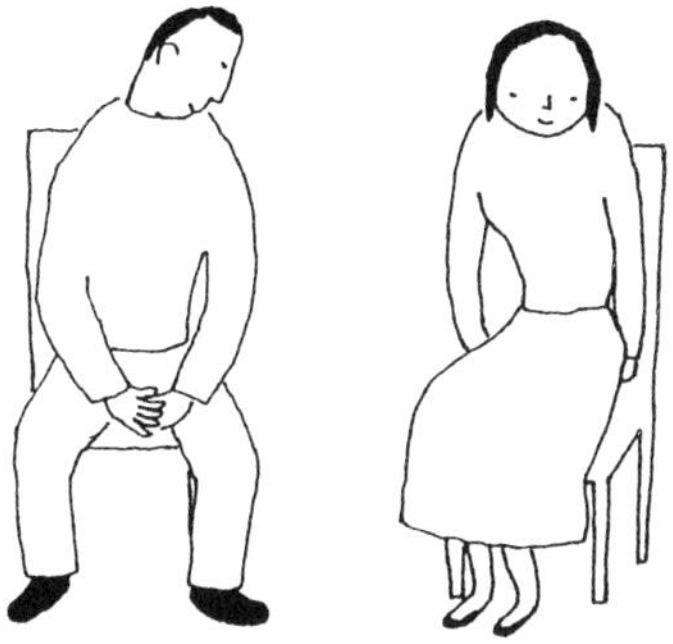

　本書で紹介した方法を実践に移すときにぶつかる困難には、人々に共通のものがあります。そのなかのいくつかを取りあげてみましょう。単純明快でわかりやすい疑問であることも多く、たとえばこんな疑問です。

【ケース①】

Q　**命令や指示はいけない、コミュニケーションを阻む障害だと言われていますが、誰かに「こうしろ」と言っては絶対にだめなのですか？　管理者ですから、指示命令を出すのが私の仕事の一部だと思っていますが。**

A　そうです。仕事の一部として、人に指示を与え、何をすべきか伝えます。管理者として、その職務に伴うある種の権威が生じますし、部下は、何らかの指示があなたから与えられることを期待していることでしょう。
　命令・指示なども含め、**十二種類の反応《フィードバック》**が障害となるのは、話す側か聞く側が反抗・抵抗・イラだちを感じているときだけです。そのときは一歩引いて、相手の問題に耳を傾けるか、自分が問題をもつときには、「**わたしメッセージ**」で対決をすることになります。

ここに、上司―部下の典型的なケースを紹介しましょう。

上司1　今日中に、ここにある書類を全部片づけて、キャビネットに整理したい。何か質問ありますか？

部下　それはよくないです。このプロジェクトが終わるまで、この書類はここにある方がいいんです。キャビネットに入れると、仕事が遅くなってしまいます。

上司1　私は片づけなさいと言ったのです。何が仕事を遅らせるか速めるかは私が決める。五時までにキャビネットに片づけるように。

部下　わかりました。（心のなかで、「このバカ！」と思っている）

同じケースですが、上司が違います。

上司2　今日中に、ここにある書類を全部片づけて、キャビネットに整理したい。何か質問ありますか?

部下　それはよくないです。このプロジェクトが終わるまで、この書類はここにある方がいいんです。キャビネットに入れると、仕事が遅くなってしまいます。

上司2　書類を入れてしまうと、プロジェクトの進行にさしさわると思うんだね。

部下　はい。しまうのに一時間半かかりますし、それから明日の朝それを取りだして配るのに、また三十分かそれ以上時間がかかると思うんです。

上司2　それでは時間のムダだということか。

部下　はい。スケジュール的に大変厳しいというお話を以前から聞いていました。もし締め切りを守るのでしたら、整理整頓のためだけに遅らせることはないと思うんです。

上司2　なるほど、それもそうだな。ただ私は、ここに入ってくる人なら誰でも無造作に扱えるようなところに、書類を出しておくのがイヤなんだよ。鍵をかけたキャビネットのなかにしまってある方が安心なんだよね。

部下　それなら、この部屋に誰も入らないように、部屋全体に鍵をかけるのはどうですか?

上司2　（やや考えてから）そうだな。いままでそんなことはしたことがないが、できそうだな……それなら、書類は週末に片づけるだけですむし。それで大丈夫そうだな。どうだい？

部下　はい。

あなたならどちらの上司がいいですか？

【ケース②】

Ｑ　**私の友人に、とにかく話しつづける人がいます。私はずーっと聞いて聞いて聞きつづけてきたのですが、底無しみたいなんですね。このままずーっと聞きつづけなきゃいけないんでしょうか？**

Ａ　うまく聞くことができるための条件の一つは、聞き手が話し手をありのままに受け入れることです。ノンストップで話しつづける友人のことを、以前は受け入れられていたのに、いまはイヤになってきたということのようですね。もしかしたら、前もイヤだったのかもしれませんね。

いずれにせよ、友人の行動は、あなたの行動の四角形の一番下である「**私が問題をもつ**」部分に入っているので、あなたは話すべきときであって、聞くときではありません。

まず、友人に伝えたいメッセージを、紙に書いてみることを勧めます。友人の行動を非難せずに描写し、それが自分にどんな影響を与えているか、そのために自分がどんな気持ちでいるかを記します。

適当なときを選んで、友人に自分の気持ちを伝える際、このメッセージを使います。それから、相手の反応を聞く準備をしておきます。友人は、「あ、そりゃ悪かった」と言って簡単に話が終わるかもしれませんし、もっと防衛的な反応をするかもしれません。どちらであっても、それを聞く用意がないといけません。

【ケース③】

Q **私が一緒に仕事をしている人のなかには、批判をされることに耐えられない人たちがいます。気をつけて話をしないと、すぐに攻撃されたと思って、怒ったり黙ってひねくれたりしてしまうんですね。こういう防衛的な人とは、どうつきあったらいいのでしょうか?**

A 一般的に言って、この質問に見られるような敏感さは、身を守るための手段なんですね。

否定と喪失に対応する手段で、幼いときに身につけた戦略とも言えます。適切なときを選んで、その同僚と、どうやっていっしょに仕事をするかを話しあうのがいいでしょう。

つまり、**対立を解決するための六つのステップ**で、よりよい職場の条件を生むきっかけとして、この問題を使っていくのです。

一回ではすまず、何回も話しあう機会が必要かもしれませんし、判断をしないで話を聞く態度がしばしば要求されるかもしれません。

ただ、急ぐ必要はありません。一回の会合で、六段階の一つずつを進めたらよい、くらいに思って下さい。時間をかければ、その間に信頼が生まれ、安全な環境が作りだされます。同僚もそれほど防衛的にならなくてすむようになるでしょうし、新しい経験に対しても、それほど消極的にならなくなるでしょう。

【ケース④】

Q **私の八歳になる息子が、誕生祝いに自転車がほしいと言います。住んでいるのが車の多いところなので、自転車でケガをしたり、事故にあうことだってあるんじゃないかと心配なんです。どうしたらいいでしょうか?**

A **問題の所有権を見てみましょう。**この問題は誰が所有しているのでしょうか? あなたの息子さんは、自転車がほしいという気持ちをもっています。あなたは、息子さんのことを考えるあまり、不安や恐ろしいという気持ちをもっています。

自転車は、ある欲求に対するひとつの解決策です。では、欲求は何でしょうか? 楽しさ、レクリエーション、移動性、所属感、自転車をもっている仲間の一員になること?

息子さんに、自転車について話せるようにして、どんな夢をもっているか聞いてみましょう。自転車に乗ることの良い点・悪い点についてどう思っているのか、何を考えているのかを語れるようにするのです。

そのあとで、それを聞いたあなたがどう理解したのかを、彼に伝えてみましょう。

あなたが息子さんの言うことを理解したと、彼にきちんと伝えられたと思ったら、今度はあなたの考えや気持ちを、「**わたしメッセージ**」で表現します。お互いが勝つことのできる道が出てくるように、**勝負なし法**のプロセスを使いましょう。第5章に記してあるように、段階ごとのプロセスを経て進みましょう。

【ケース⑤】

Q **私は中学校で教えていますが、生徒が約束を守らないですね。学期の始めに、私は簡単な当たり前のルールを紙に書いて張りだします。**

たとえば、ほかの人の学習する権利を侵さないとか、交替で話すようにするとか、です。クラスで読みあげて、「質問があるか？」とか「ほかに提案はあるか？」と聞くと、「ありません、そのルールでいいです」と答えるんですね。

ところが学期が始まって一、二週間で、もうルールを全部破るんです。私は警官の役目をし、ルールを守らせることにすっかり疲れはててしまいました。生徒にルールを守らせるのにはどうしたらいいのでしょうか？

A 「**参加の原則**」と呼ばれる原則があります。これは、人は自分がその決定に参加した決定事項をより実行しやすい、というものです。クラスのルールの作成と決定に生徒たちを巻きこんでいくことをおすすめします。そうすると、ルールが先生のルールでなく、生徒たち自身のルールになり、ルールを破ることよりも、ルールが効を奏する方に力を注ぎたくなるでしょう。

ある小学校教師は、教室でのルール作りに生徒も参加すると、非常に小さい子であってもそのルールについての責任をとると語っています。

クラスでのルール作りができた後で、その教師は厚紙を切ったもの一枚に一つずつルールを書いて、教室の後ろの壁に貼りだしておきました。ほんのときたまではありますが、ある女の子が部屋の後ろに行って、ルールの一つずつにさわるのに気がつきました。その子に訊ねてみると、「ルールを破りそうな気がしたとき、ルールにさわるんです。そうしたら破らないの」と答えました。

はっきりわかっていることがあります。六、七歳の子どもが、ルールを忘れないようにし、自分を管理する責任をもつ方法を簡単に考えだせるということです。

中学生、高校生……それに大人も、このことから学ぶことがあるはずです。

【ケース⑥】

Q　**ルール設定の話しあいを私の高校の生徒に試したいと考えていますが、ただ、私が思うのは、高校生はルールがまったくない方がいいと思っているのではないかというとことです。テストを全然しない、とか、生徒の好きな時間に帰ってよい、といった馬鹿げたルールになるんじゃないかという不安があります。数では私はたちうちできないですからね。ひどいことになるんじゃないかなぁ。**

A　ルール作りについて投票にすれば、そういうことが起こり得ますね。しかし、**勝負なし法**のプロセスでは、あなたの恐れたことが議論の的になります。第５章の第四段階「解決案の決定」を再読して下さい。

　生徒に、**勝負なし法**を教える必要があります。私たちは、世界のあらゆる教室でまずそうすべきと考えています。永遠に指示を出しつづけることで、参加者が疲弊《ひへい》してしまうような防衛反応や権力闘争をやめるのに、これが一番よい方法です。教師とともに生徒も、教室で自分は負けることがないことを知っている必要があるのです。

【ケース⑦】

Q　**娘の食事内容がよくないので心配です。小さい子どもが二人いるのに、スナック菓子のようなものばかりで、体を悪くするのではないかと思って……。私の言うことを娘が聞くようにしたいのですが。**

A　娘さんは、お母さんの言うことを耳にしていると思いますよ。ただ、その忠告に従った行動をとっていないだけです。こういう場合には、三つの要素が関わっていて、それを変化させていくことができます。その三つとは、（1）**相手**、（2）**環境**、（3）**自分自身**、です。

相手を変えようとするのは、きわめて困難です。娘さんが変化するように働きかけつづけるためには、「より健康的な食べ物」について語ることが必要ですが、第6章で述べた**コンサルティング**のルールに従って行うことができます。たとえば、このような「わたしメッセージ」から始めます。

「いま、栄養について書かれたものすごく面白い本を読みおえたところなんだけど、話したいなあ。興味ない？」

そして、今度は聞く側にまわるのです。

それでも娘さんが変化しなければ、まだ二つの要素が残っています。一つは環境です。

たとえば、娘さんたちが食事をしているときには傍に近づかない、など。

あるいは、おそらくそれよりもずっといいのは、自分が変わることです。娘さんが、食べたいものを選ぶ権利をもつことを認識し、彼女が彼女のままであることを受け入れる心の平穏を祈ることもできます。

【ケース⑧】

Q 「能動的な聞き方」や「わたしメッセージ」の技能《スキル》を学習して使えるようになるのに、ふつうどれくらいの時間がかかりますか？　近道はあるのでしょうか？

A 有名な、答えのない答えを使いましょう。すなわち、ケースによります。

何かに優れている人は、たくさん練習しているものです。たとえば、ゴルフやテニスのプレイヤーは、試合の前に何百回も球を打ちますし、ピアニストは何十時間も音階の練習をすることでしょう。

私たちも練習ができます。耳を傾けねばならないイライラの数に不足はないですし、解決せねばならない問題、解消せねばならない対立にも事欠きません。受容できない行動に対決する機会もたくさんあります。試してみましょう。そしてその間、自分に優しくありましょう。偉大なるゴルフ・プレイヤーでも、たまには打ちそこなうことだってあるのですから。

何か新しいことを学ぶときには、次のような過程を経ていくものです。

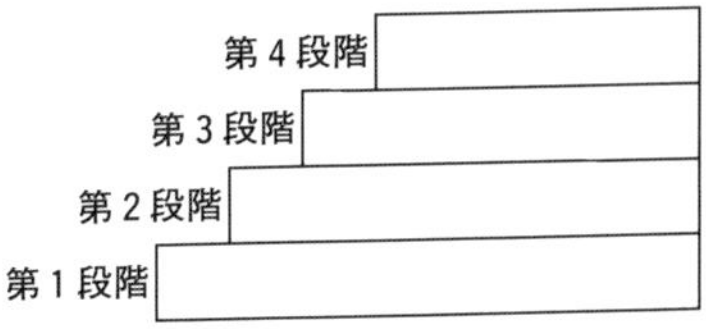

教育学者はこれを「学習段階」と呼んでいます。コミュニケーションや問題解決の技能について新しく学ぶのであれば、この過程には四つの段階があります。

ほとんどの人は「無意識での無能力」と呼ばれる第一レベルから始めます。

このレベルではよい聞き手ではなく、障害となる十二種類の反応《フィードバック》や「あなたメッセージ」を使い、対立があれば、議論、闘い、力の争いで解決しようとします。この時点では、別のはるかによい方法があることを知らないのです。従って、無意識に無能力です。

しかしながら、人間関係の技法を学習すると、「意識しての無能力」の第二レベルに移ります。聞くこと、「わたしメッセージ」についての知識があります。対立を解決するための六つのステップについても知っていて、訊ねられれば障害になる反応《フィードバック》のいくつかについて説明できるかもしれません。

ただ残念ながら、まだ方法は身についていません。聞き方にしても機械的ですし、その対決の仕方も「あなたメッセージ」と「わたしメッセージ」が混在し、そういう不適切さが、問題解決や対立の解消を難しくし、無駄にすらしてしまいます。

この段階では、自分がどうも不自然で無能力に思え、新しいことはあきらめ、従来やってきたことに戻ってしまうこともよくあります。それまでいつもやってきたことが、たとえ効果的でなかったとしても、なじみがある心地よさがあり、心地よい方に流れる人もあるのです。

しかしながら、心地よくないところを通って、第三のレベルである「意識的な有能さ」にいたる人もいます。よく考えなければならないとしても、効果的に聞くことができ、明確な「わたしメッセージ」で語り、負けない対立の解決ができます。

ただ問題は、どこか嘘っぽく感じること、技能《スキル》が単に技術でしかなく、そのことは本人がよくわかっています。

「意識しての無能力」と、「意識的な有能」との間《はざま》にある青年が、自分の努力について次のようなeメールを送ってきました。

「難しいのは、特に私には、『能動的な聞き方』と呼ばれるものです。相手の話を聞いて、その人が伝えたいと自分が思うことをくり返すのです。いまの段階では、これはまだ私には機械的に思え、言っていることをくり返すオウムのような感じがしています。でも何度もやっているうちに、機械の一部のようにではなく、もっと自然になってきています。

はじめは、問題をもっている人の悪いところを『直《ただ》して』あげたい衝動と闘わねばなりませんでした。でもこの『直《ただ》す』ことは、相手が問題を私に話している間に、私は、その解決策について考えていて、相手の話は半分しか聞いていないということなのです。

いまはその段階は過ぎて、ただ聞くだけになってきています。でもまだ、相手の言うことをどう言いかえようかということに気持ちがいっていて、自由に聞いてはいないのです。でもやればやるほど、私は上手になってきています」

このメッセージから混乱と困惑が読みとれるでしょうか？　この青年は最大の敵――条件付けられた反応――と正面からぶつかっています。本人が自分の短所を十分にわきまえ、あきらめずにいさえすれば、最後の段階である「無意識の有能さ」に進んでいくのはあきらかで、そこで技能は技術としては存在しなくなります。すなわち、無意識にできるようになった人は、相手が問題をもつときにはただそれに共感し、そして考えもせずに、自分の内的な状態を「わたしメッセージ」で伝えているのです。

対立があるときには、どの欲求が満たされていないのかというふうにすぐに考え、その欲求を満たすのに、いかに関係者を巻きこむか工夫します。かつての古い条件反射と同じように、新しい条件反射が自動的に起こるのです。

古いものと新しいものとの違いは、新しい方が人間同士を近づけ、よりよい人間関係を築き、友情を育んでいくということです。

【ケース⑨】

Q　**ときには子どもをしつけるのもいいですよね。何か子どもに言って聞かせるとき、本気だということを示すのに、お尻をちょっと叩くくらいのことはいいんじゃないかと思うんですが。**

A　お尻を一回ちょっと叩いたからといって、子どもとの関係がこわれるというようなことはありません。子どもはとにかく親が好きなものですし、親としての効果的なやり方を実践しないことがあったとしても、それを許すことが多いものです。しかし、何かを教え、訓練し、子どもをコントロールする手段として、叩いたり、何らかの体罰を加えることは、子どもとの関係を確実にこわしていきます。

私は、『自立心を育てるしつけ』(小学館刊)という本で、このテーマを取りあげました。そこには、子どもの行動をコントロールしたり、形づくるといったことを成し遂げるために、賞と罰がいかに役立たないかを示す何百もの調査研究の例が引かれています。

賞に関する素晴らしいテーマの一つが、一九九三年に出版されたアルフィ・コーンの『賞による罰』と題する一巻で、五百以上もの調査研究の文献がリストにされています。たとえば、罰と同様に賞が効果的でないことについて、こんなことが書かれています。

「結局、わたしたちのほとんどは、それが『面白い』『楽しい』という理由からしていたことに、何らかの対価が支払われはじめると、もうタダでそうすることができなくなってしまう、という経験を思いだせるでしょう。賞が取りいれられると、どういうわけか、内発的な興味がどこかへ消えてしまうのです」

調査研究もさることながら、あるユーモラスな昔話がこの点をよく伝えています。それは一人の老人の話で、学校帰りの十歳の子どもの一群が、毎日家の前を通る度に、その老人を馬鹿にする言葉を投げかけるのに耐えていたのです。

ある日の午後、いつものように、「バカで汚くてハゲで」とはやしたてる子どもたちの声を聞きながら、老人はあることを思いつきました。次の週の月曜日に、老人は意を決して子どもたちに近づいていき、「次の日にここに来て、私の悪口を叫んだものには、一ドルやる」と言ったのです。子どもたちはびっくりし、興奮し、火曜日にはいつもより早く老人の家の前に来て、力の限り悪口を叫んだのです。

約束通り、老人は全員にお金を渡しました。そして、「明日も同じようにやりなさい」と子どもたちに言いました。「そうしたら、明日は二十五セントやろう」と。

子どもたちはそれでもまだいいなと考えて、水曜日にもやっぱりやってきて、思う存分ヤジりました。最初の声が聞こえるとすぐ、老人は家から二十五セント銀貨をいっぱいもって現れ、子どもたちに支払ったのです。そして老人はおもむろに、「この次からは、一セントしかやらないからな」と宣言しました。子どもたちは「信じられない」という表情で、顔を見あわせました。「一セント？」と、子どもたちは口々にバカにしたように言いました。

「そんなのヤだよ」

そして、子どもたちは二度と老人のところに来なくなったのです。

私の本もそうですがコーンの数ある本のまとめは、こんなふうになります。

「人を罰することで何かをさせることはできても、彼らを罰することができないときまで、それをやりつづけさせたりすることはできない。人に賞を与えることで何かをさせることはできても、賞を与えることができないときまで、それをやりつづけさせることはできない」

賞と罰の使用は、権威主義の一部ではあっても、民主主義の一部ではありません。民主的な関係を望むなら、権威主義とそれにまつわるあらゆる落とし穴（「お尻を叩く」ことも含めて）を捨て去り、民主的な関係を築く地盤を固めていかなければなりません。

【おまけ】

第5章で紹介した九つの点のクイズを覚えていますか？　答えはお教えしないと言いましたが、気が変わりました。一つの答えを示します。

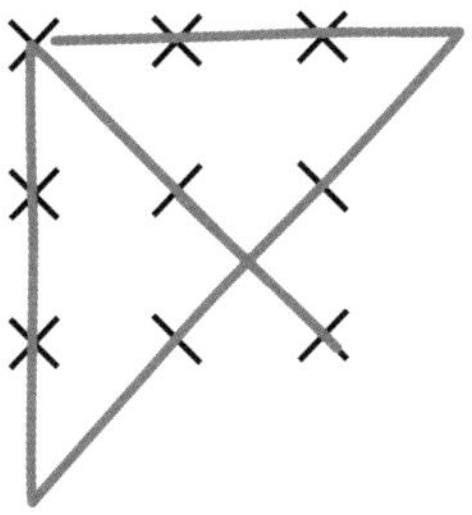

さあ、いまではもう、いわば箱の外に出たので、あなたのこれまでの人間関係を見直してみることができます。修復したり改善したりする点とそうするための方法がわかりますか？

方法がわかっても、わかることと、実際にそれをすることとは、大きく違います。

あなたがいまもっている情報を使うか否かは、あなたに任されています。そしてもし実際に使ったら、たとえそれがたった一個の人間関係についてであったとしても、それは、私たちの人生の質を改善したことになるのです。

おわりに

十七名の親の方々との私の最初の講座から二十一世紀になるまでの間に、目覚ましい変化が起こりました。いくつか挙げてみましょう。

三十の言語を話す、四十七カ国・四百万人以上の人が責任感や思いやりのある子どもを育てる方法をさがし求めて『親業』の本を買い、講座を受けた人の数は一五〇万人にのぼります。

私たちの出版した本全部を合わせて実に六百万部が売れ、講座のインストラクターを養成し認定できる代表が二十七カ国に存在します。世界的に見ると、五十余もの親教育プログラムが導入され、毎年五万人の人たちがそれに参加しています。

フィンランドの学校では、十代の生徒に対し、ＹＥＴ（Youth Effectiveness Training 青少年人間関係訓練）を行っており、昨年は三千五百名の生徒がその訓練を修了しています。YETはフィンランドで好評を博し、現在では、フィンランドの軍隊に入隊する人はオプションとして訓練が受けられるようになっています。（すでにご存知でしょうが、フィンランドでは健康な人はすべて最低二年は軍役に服することになっています。）

初めてYETのオプションを与えられたグループは、総勢五百名でした。YETのインストラクターは、そのうち二十五名くらいはオプションとしてYETを選ぶのではないかとの見通しを立てていましたが、希望者はなんと三百名を越えたのです。

一九九一年に、私は、W・スターリング・エドワーズ医学博士から、重篤《じゅうとく》な患者についての手紙を受けとりました。博士の手紙には、博士がニューメキシコ医学大学の外科部長を辞職し、外科医としての仕事から退いた後に、博士の経験に基づいた本を私といっしょに著し、出版したいとの提案がなされていました。

「引退」して、博士はすでに新しい活動を始めていました。私たちの提唱するコミュニケーションと問題解決の方法を使って、生命を脅やかされるような病気にかかった人に対するカウンセリングを、医師としてではなく、「友人」として行っていたのです。

処方箋を書くわけでも診断を下すわけでもなく、治療の方針を立てるのでもなしに、ただ彼らの傍にいて、注意を向けていたのです。

その成果が、『医療・福祉のための人間関係論――患者は対等なパートナー』（丸善出版刊）となりました。エドワーズ博士から私は多くのことを学びましたが、なかでも印象深かったのは、同医師の愛情の深さ、あたたかさです。私は、エドワーズ博士がほかの同僚たちと比べてこの点で大きく違っているのかと、博士に直接尋ねてみました。

博士の答えは、「いや自分が特別というわけではなく、ほとんどの医師が本当に患者のことを真剣に考えているのだけれど、それをどう表現したらよいのかを知らないのだ」というものでした。だからこそ博士は私と連絡をとったのです。

こうした経緯から私たちはあの本を著し、医師やその他の医療チームの方々が人間関係をよりよくし、十分に訓練されていない自己表現、相手への関心やケアを表現する能力を磨く一助としたかったのです。

ＧＴＩ（Gordon Training International ゴードン国際訓練協会）では、中・高校生向けの「学校での対立の解き方」という名称の十六時間の訓練プログラムを新しく開発しました。対立とは何か、なぜ対立は激しくなるのか、相手を非難することなく「自分の側」の話をいかに表現するのか、「相手の側」の話をどう聞くか、「勝負なし法」とは何か、といった内容を学び、リアルなロール・プレイで練習します。あわせて対立をいかに予防するかも学びます。

さらに現在のＧＴＩでは、学校に通う生徒が、他の人のイライラや対立を仲裁できるように生徒を訓練する「第三者の介入プログラム」も用意しています。

また、ビデオによる家庭学習プログラムもできているので、親や子に限らず、誰でもが肯定的な人間関係を学習し、練習することができます。これはＦＥＴ（Family Effectiveness Training 家族効果訓練）と呼ばれ、現代の忙しい家族のあり方に合うように作られています。

また、当然のことながら、家族には必ずしも子どもがあるわけでありません。ＦＥＴは、より親しく有意義な関係を求める夫婦にとっても、すばらしい手段となることでしょう。

最後に台湾の代表からの手紙を紹介して、結びの言葉にかえたいと思います。一人の父親、リー・ジャン・スプ教授が、偶然の導きによって本書に記された人間関係を築く方法にたどり着くまでの様子が、ありのままに綴られています。

私は台湾の大学に勤める物理学の教授です。私には二人の子どもがいて、娘と息子です。

いまから思うと私はひどく権威主義的な父親でした。私は子どもたちに優秀であることを求め、最高の教育を与えようとしてきました。しかし、息子はつねに私の悩みの種でした。そして次第に息子と私の関係はうまくいかなくなりました。一九九六年の二月二十四日に、息子は仕事でほかの都市に移ることになり、私は見送りに空港まで行く予定でした。ところが息子は私の妻といっしょに空港に行ってしまったのです。私に挨拶すらしないで。後で聞いたのですが、空港では妻と口論にさえなったというのです。

実はその同じ日、私は韓国の京城に行くことになっていました。私は落胆し、京城に着いたときにはすっかり落ち込んでいました。まったく偶然に、私は大学のローズ・インジャ・キム教授に会い、息子との関係で滅入っていると話したところ、教授はすぐに親業訓練講座を受けなさいと勧めてくれたのです。彼女のその一言がきっかけで、私は受講を始めました。そして、私の人生が変わったのです。

一般講座の修了後、私はほかの講座にも出席しました。親は子どものために新しいコミュニケーションの方法を身につけなければならないことがよくわかりました。以前の私はあらゆるコミュニケーションの障害を使っていました――命令、要求、批判。もっとはやくに親業に出合っていたら、私はいまよりもっともっとましな父親、いい父親になっていただろうに、と思います。たとえば、仕事についてでさえもっとうまく処理できていただろうに、と思うのです。

息子が六歳のとき、私も妻も仕事をもっていましたから、息子を毎日保育園に預けなければなりませんでした。でも、息子はそこを嫌がりました。私たちは、息子の気持ちに反して、幼稚園に行かせることにしました。

息子が中学校の一年生か二年生のときに、私は一度こう言ったことがあります。

「一体お前はどうしたんだ? 私の前からいなくなれ! お前なんか大嫌いだ!」

こう言われた途端、息子は走り去りました。数日してようやく家には帰ってきましたが、それからというもの息子は私に敵意をもち、反抗し、怒りをあらわにするようになりました。そして息子は、「いまに見ていろ。大きくなったら自分が殴られたようにお前を殴ってやるからな」と言ったのです。私は驚き、ショックで、そのうえ大変みじめな気持ちになりました。あろうことか息子は、友人と煙草や酒をのむようになったのです。私には理解できませんでした。私はますます暗い毎日を送るようになりました。「どうしたらいいのかわからない！」と叫ぶほどでした。「まったくどうなっているんだ？」

親業との出会いは私にとって衝撃《カルチャーショック》的でした。毎日の生活でわたしメッセージを送り、能動的な聞き方をしました。息子だけでなく、妻にも娘にもそうしたのです。

あるとき息子と電話で話していて、「お前に対し、以前は強圧的な態度をとっていて悪かったと思っているよ。私が間違っていた。長い間お前はさぞかし寂しい思いをしてきたんだろうね」と言いました。

驚いたことに息子は、その言葉に突然泣きだしたのです。電話のむこうでしばらく泣いていましたが、「お父さん、いまほどうれしい気持になったことは、これまで一度もないよ。僕の人生にこういうことがあるなんて、いまのいままで夢にも思ったことがなかった」と言ったのです。

いまでは私の家族は、お互いの深い思いを伝えあい、助けあいます。いま、私たちはとても幸福です。親業のインストラクターにはどんなに感謝してもしきれません。

私は台湾の人たちにこの親業を紹介したい。それができたら、私の最後の夢が実現します。

訳者あとがき

本書の著者、トマス・ゴードン博士は、アメリカにおいて臨床心理学者として青少年と接するなかから、子どもに問題が生じるのは周囲の大人、特に親の影響が大きいとの洞察を得られ、親を対象とする人間関係の訓練プログラムを開発されました。

これが親業訓練（ＰＥＴ）講座です。

このプログラムは、国境を越え、いまや世界中の人々に迎えられています。日本でも一九八〇年から、全国各地で親業のインストラクターが活動するようになりました。

長年の、世界におけるご経験から、博士は本書で次のように明言されています。

「本書では、私と親業などの講座のインストラクターが過去四十年の経験から得た、人間関係の問題を予防し、すでにうまくいかなくなっている関係をいかに直《ただ》すかについての知識と情報をお伝えしたいと思っています。私の開発した訓練講座を受講した実にたくさんの人たちが、人間関係のあり方には世界中そんなに大きな違いがないことに気づきました。

たとえば、どの国においても人間関係はタテのヒエラルキーになりがちであること、そして一つの大陸で負けを味わった人は、ほかの大陸で負けた人と同じように不満をもつということです。そして私たちを悩ませる精神的、情緒的居心地の悪さ――病い――には、明確かつ単純な予防の道があることを指摘したいのです」

人がほかの人といっしょに生きる人間社会のなかで、人間関係は永遠の課題でありつづけることでしょう。

トラブルが起きてからではなく、トラブルを予防し、気持ちのよい人間関係のなかで生きていく道を具体的に示される博士は、行動科学の発達を日常生活に反映させる上で大きな力を発揮してこられました。

アメリカ心理学財団では、同博士のこの分野での貢献に対し、一九九九年のゴールドメダルを授与しました。その表彰状には次のように記されています。

「トマス・ゴードンは、親密で永続的な人間関係を築き維持していくための一つのモデルを創り上げた。人間関係についての抽象的な概念を、具体的な行動の技法（スキル）という形に変え、それを一般大衆の手に届くものとしたことによって、彼はまさに〝心理学を人々に贈った〟と言える」

本書ができあがるためには、ノエル・バーチ氏の協力が絶大な力を発揮しました。バーチ氏は、博士と密な話し合いをすすめ、目が見えにくくなった博士に代わり、文章を形にし、それを博士に読み上げて確認をとる形で作業を進められました。一つのスムーズな人間関係からの作品と言えます。ゴードン博士の半世紀近いご活動の集大成であるご著作を、日本の読者の皆様にご紹介できますことを心から誇りに思います。

最後に大和書房の矢島祥子編集長、浦塚貴之さんのご協力に心から感謝いたします。

二〇〇二年七月十日

親業訓練協会理事長　近藤千恵

親業訓練講座のご案内

本書の内容を身につけるために、ロールプレイなどを通して体験学習をする実践的な講座です。

講座時間　全24時間（基本は週１回３時間×８回）

受講場所　講座は全国各地で行われています。

講座の内容

１．親も人の子、神さまではない――親にも自分の気持ちがある
２．親になんて話せないか――心の扉を開くことば
３．子どもの心を知るために――「能動的な聞き方」
４．子どもが受け入れる親の話し方――「わたしメッセージ」で感情表現を
５．子どもはいい環境にいますか――改善の余地はありませんか
６．さけられない親子の対立――親子のどちらが勝つべきか
７．対立を解くために「勝負なし法」――新しい親子関係の創造
８．親業をクビにならないために――親は子どものコンサルタント

費用　受講料（８回）３万円　＊消費税別　入会金が別途必要です。

――親業訓練協会には、他に下記の講座があります。――

「教師学講座」――教師と生徒の心の絆づくり
「自己実現のための人間関係講座（ETW）」
――相手も自分も活かす関係づくり
「看護ふれあい学講座」――介護や看護をする人とされる人との間にあたたかい人間関係を築く
＊「看護ふれあい学講座」を修了した方々は「ふれあいコミュニケーション・リーダー」の資格が取得できます。

〈講演・講座についてのお問い合わせ〉

親業訓練協会
東京都渋谷区恵比寿西2-3-14-8F（〒150-0002）
Tel.03-6455-0321
ホームページアドレス　http://www.oyagyo.or.jp

親業関連図書

『親業（PET）』トマス・ゴードン著（大和書房）
『親に何ができるか「親業」』トマス・ゴードン著（三笠書房）
『子どもに愛が伝わっていますか』近藤千恵著（三笠書房）
*『「親業」に学ぶ子どもとの接し方』近藤千恵著（企画室）
『親の心がしっかり伝わっていますか』近藤千恵著（三笠書房・知的生きかた文庫）
*『子育ての新しい世界「親業」』親業訓練協会編（企画室）
「親業ケースブック」シリーズ（大和書房・全3巻）
1『幼児　園児編』　2『小学生編』　3『中高生編』
『女性のための人間関係講座（ETW）』リンダ・アダムス、エリナー・レンズ著（大和書房）
『人間関係を育てるものの言い方』近藤千恵著（大和書房）
『介護者のための人間関係講座』近藤千恵著（あさま童風社）
『教師学（TET）』トマス・ゴードン著（小学館）
*『教師学――心の絆をつくる教育』近藤千恵著（親業訓練協会刊）
『自立心を育てるしつけ』トマス・ゴードン著（小学館）
『「大切な人」と本音でつきあってますか』近藤千恵編著（三笠書房・知的生きかた文庫）
* 親業訓練ミニレクチャーシリーズ（小冊子・親業訓練協会刊）
1『親子手帖』 2『教師学手帖』 3『保育手帖』
4『看護手帖』 5『家庭手帖』

*印の図書は書店では取り扱っておりません。
親業訓練協会事務局へお問い合わせください。

ゴードン博士の人間関係をよくする本
自分を活かす　相手を活かす

2002年 8月10日　第1刷発行
2023年10月15日　第6刷発行

著　者　トマス・ゴードン
訳　者　近藤千恵
発行者　佐藤　靖
発行所　大和書房

〒112-0014 東京都文京区関口1-33-4
電話 03-3203-4511

印刷所　暁印刷
製本所　小泉製本
装　幀　MARTY inc.（後藤美奈子）
装　画　高橋和枝

ISBN 978-4-479-01152-1

http://www.daiwashobo.co.jp